Englisch
Kurzgeschichten
5./6. Klasse

Inhalt

Einleitung

Hallo lieber Schüler!
Hallo liebe Schülerin!

Fällt es dir manchmal schwer, Englisch zu lernen? Hast du Langeweile oder einfach keine Lust? Hast du Schwierigkeiten dabei, neue Vokabeln im Kopf zu behalten? Keine Sorge, so geht es vielen Schülern. Viele haben Schwierigkeiten mit dem Lernen einer neuen Sprache, weil in der Schule Vokabeln und Grammatik häufig unabhängig voneinander behandelt werden oder sich die Lehrer schlicht keine Mühe geben.

Aber damit ist jetzt endlich Schluss. Denn in diesem Buch findest du 20 spannende Kurzgeschichten, die dir auf spielerisch Englisch beibringen werden. Du wirst sehen, dass du nicht nur viel lernen, sondern auch noch Spaß haben wirst.

Alle Geschichten findest du in paralleler Übersetzung. Das bedeutet, dass auf der linken Seite die Geschichte auf Englisch und auf der rechten Seite, direkt daneben, die Geschichte auf Deutsch ist. Dadurch kannst du sofort sehen, was ein Satz oder ein Wort bedeutet. Du musst nicht erst in einem Wörterbuch nachschlagen, wenn du die Übersetzung nicht kennst. Das spart dir Zeit und vor allem viel Frust und Ärger. Am Ende jeder Geschichte findest du wichtige Vokabeln aufgelistet und abschließend gibt es noch ein kurzes Quiz.

Die Geschichten in diesem Buch entsprechen dem Englisch Niveau A1. Sie sind damit perfekt für Schüler in der 5. und 6. Klasse geeignet. Auf komplizierte Wörter und Satzstrukturen wurde bewusst verzichtet. Denn am

Anfang ist es viel wichtiger, die Grundlagen zu verstehen und sich selbst nicht zu überfordern.

Zu jeder Geschichte gibt es auch eine Audiodatei. In der Audiodatei wird die Geschichte vorgelesen. So kannst du nicht nur die richtige Aussprache und Betonung lernen, sondern auch dein Hörverständnis verbessern. Die Audiodateien kannst du mithilfe des QR-Codes auf der nächsten Seite über dein Smartphone oder deinen Computer herunterladen.

Ich wünsche dir viel Spaß beim Lesen der Geschichten!

Link und QR-Code zu den Audiodateien

bit.ly/3Moq9qG

Du kannst den QR-Code mit deiner Smartphone Kamera einscannen. Falls du keinen QR-Scanner besitzt, kannst du den obigen Link direkt in deinem Webbrowser eingeben. Dort kannst du dir die Audiodateien herunterladen oder direkt im Browser anhören.

1. Lily is sick
Lily ist krank

In a small village, there is a little girl named Lily. Lily is a happy girl. She loves to play with her friends. One day Lily wakes up and feels sick. Her head hurts and her throat is sore. She tells her mom about her sickness.

In einem kleinen Dorf gibt es ein kleines Mädchen namens Lily. Lily ist ein fröhliches Mädchen. Sie liebt es, mit ihren Freunden zu spielen. Eines Tages wacht Lily auf und fühlt sich krank. Ihr Kopf tut weh und ihr Hals ist wund. Sie erzählt ihrer Mutter, dass sie krank ist.

Her mom is worried.
She takes Lily's temperature. The thermometer shows a high number. Her mom knows Lily needs to see the doctor. They get ready and go to the clinic. The clinic is not far away. They walk there slowly.

Ihre Mutter ist besorgt. Sie misst Lilys Temperatur. Das Thermometer zeigt einen hohen Wert an. Ihre Mutter weiß, dass Lily zum Arzt gehen muss. Sie machen sich bereit und fahren in die Klinik. Die Klinik ist nicht weit entfernt. Sie gehen langsam dorthin.

At the clinic, they see Dr. Brown. Dr. Brown is a kind doctor. He always makes the children feel better. Lily sits on the big chair. She feels a little scared. Dr. Brown smiles and asks Lily how she feels. Lily tells him about her head and throat.

In der Klinik sehen sie Dr. Brown. Dr. Brown ist ein freundlicher Arzt. Er sorgt immer dafür, dass sich die Kinder besser fühlen. Lily setzt sich auf den großen Stuhl. Sie fühlt sich ein wenig ängstlich. Dr. Brown lächelt und fragt Lily, wie sie sich fühlt. Lily erzählt ihm von ihrem Kopf und ihrem Hals.

Dr. Brown checks Lily's throat and ears. He listens to her chest with a stethoscope. He asks Lily to take a deep breath. Lily does what the doctor says. Dr. Brown tells Lily she has a cold. He gives her some medicine to make her feel better.

Dr. Brown untersucht Lilys Hals und ihre Ohren. Er hört ihre Brust mit einem Stethoskop ab. Er bittet Lily, tief einzuatmen. Lily tut, was der Arzt sagt. Dr. Brown sagt Lily, dass sie eine Erkältung hat. Er gibt ihr etwas Medizin, damit sie sich besser fühlt.

Lily and her mom go home. Lily takes the medicine. She rests in her bed. Her mom makes her warm soup. She drinks lots of water. Lily's friends come to visit her. They bring her a card and some flowers. Lily feels happy to see her friends.

Lily und ihre Mutter gehen nach Hause. Lily nimmt die Medizin ein. Sie ruht sich in ihrem Bett aus. Ihre Mutter kocht ihr eine warme Suppe. Sie trinkt viel Wasser. Lilys Freunde kommen sie besuchen. Sie bringen ihr eine Karte und ein paar Blumen mit. Lily ist glücklich, ihre Freunde zu sehen.

A few days later, Lily feels better. She thanks Dr. Brown for helping her. She learns it is important to see the doctor when she is sick. Now, Lily knows what to do next time she feels unwell. She will visit Dr. Brown, take her medicine, and rest until she is better.

Ein paar Tage später fühlt sich Lily besser. Sie dankt Dr. Brown für seine Hilfe. Sie lernt, dass es wichtig ist, zum Arzt zu gehen, wenn sie krank ist. Jetzt weiß Lily, was sie das nächste Mal tun muss, wenn sie sich unwohl fühlt. Sie wird Dr. Brown aufsuchen, ihre Medizin einnehmen und sich ausruhen, bis es ihr besser geht.

Quiz

Question 1: Why do Lily and her mom go to the clinic?

A. It's Lily's birthday.
B. Lily feels sick and has a fever.
C. Lily has a dentist appointment.

Question 2: What does Dr. Brown give Lily to help her feel better?

A. A piece of chocolate
B. A new toy
C. Medicine for her cold

Frage 1: Warum gehen Lily und ihre Mutter zur Klinik?

A. Lily hat Geburtstag.
B. Lily fühlt sich krank und hat Fieber.
C. Lily hat einen Termin beim Zahnarzt.

Frage 2: Was gibt Dr. Brown Lily, um ihr zu helfen, sich besser zu fühlen?

A. Ein Stück Schokolade
B. Ein neues Spielzeug
C. Medizin gegen ihre Erkältung

Vokabeln

1	village	Dorf
2	friends	Freunde
3	sick	krank
4	doctor	Doktor
5	clinic	Klinik
6	medicine	Medizin
7	to rest	sich ausruhen
8	unwell	unwohl
9	flowers	Blumen
10	important	wichtig
11	to learn	lernen
12	to visit	besuchen
13	to bring	bringen
14	dentist	Zahnarzt
15	appointment	Termin
16	to have the cold	eine Erkältung haben
17	fever	Fieber
18	toy	Spielzeug
19	new	neu
20	chair	Stuhl

2. Timmy visits the zoo
Timmy besucht den Zoo

In a small town, there is a boy. His name is Timmy. Timmy loves animals. He likes to read books about them. He watches TV shows about animals too. One day, Timmy's dad has a surprise for him. They are going to visit the zoo.

In einer kleinen Stadt gibt es einen Jungen. Sein Name ist Timmy. Timmy liebt Tiere. Er liest gerne Bücher über sie. Er sieht sich auch Fernsehsendungen über Tiere an. Eines Tages hat Timmys Vater eine Überraschung für ihn. Sie werden in den Zoo gehen.

Timmy is very excited. He wakes up early and gets ready. He wears his favourite animal shirt. Timmy and his dad get in the car and drive to the zoo. The zoo is a big place with many animals.

Timmy ist sehr aufgeregt. Er wacht früh auf und macht sich fertig. Er zieht sein Lieblingstier-Shirt an. Timmy und sein Vater setzen sich ins Auto und fahren zum Zoo. Der Zoo ist ein großer Ort mit vielen Tieren.

When they arrive, Timmy sees a map of the zoo. There are so many places to go. First, they visit the monkeys. The monkeys swing from tree to tree. They make funny faces at Timmy. Timmy laughs and claps his hands.

Als sie ankommen, sieht Timmy einen Plan des Zoos. Es gibt so viele Orte, die sie besuchen können. Zuerst besuchen sie die Affen. Die Affen schwingen von Baum zu Baum. Sie machen lustige Grimassen über Timmy. Timmy lacht und klatscht in die Hände.

Next, they go to see the lions. The lions have big manes and sharp

Als nächstes gehen sie zu den Löwen. Die Löwen haben große

teeth. They roar loudly. Timmy feels a little scared, but he knows they are safe behind the fence.

Timmy and his dad walk to the elephant area. The elephants are huge. They have long trunks and big ears. Timmy watches them splash water on themselves. He thinks they are amazing.

They also visit the giraffes. The giraffes have long necks and tall legs. They eat leaves from tall trees. Timmy loves their beautiful spots.

Timmy sees many other animals too. He sees zebras, tigers, and bears. He also sees birds with colourful feathers. Timmy learns a lot about the animals at the zoo.

At the end of the day, Timmy and his dad are tired. They sit down and eat ice cream. Timmy talks about all the animals he saw. He is so happy he visited the zoo.

Mähnen und scharfe Zähne. Sie brüllen laut. Timmy hat ein bisschen Angst, aber er weiß, dass sie hinter dem Zaun sicher sind.

Timmy und sein Vater gehen zum Elefantengehege. Die Elefanten sind riesig. Sie haben lange Rüssel und große Ohren. Timmy beobachtet, wie sie sich mit Wasser bespritzen. Er findet sie erstaunlich.

Sie besuchen auch die Giraffen. Die Giraffen haben lange Hälse und lange Beine. Sie fressen Blätter von hohen Bäumen. Timmy liebt ihre schönen Flecken.

Timmy sieht auch viele andere Tiere. Er sieht Zebras, Tiger und Bären. Er sieht auch Vögel mit bunten Federn. Timmy lernt viel über die Tiere im Zoo.

Am Ende des Tages sind Timmy und sein Vater müde. Sie setzen sich hin und essen Eiscreme. Timmy erzählt von all den Tieren, die er gesehen hat. Er ist so froh, dass er den Zoo besucht hat.

Quiz

Question 1: Which animal do Timmy and his dad visit first at the zoo?

A. Lions
B. Elephants
C. Monkeys
D. Giraffes

Question 2: Which animal scares Timmy a little, but he knows he is safe behind the fence?

A. Tigers
B. Lions
C. Bears
D. Elephants

Frage 1: Welches Tier besuchen Timmy und sein Vater zuerst im Zoo?

A. Löwen
B. Elefanten
C. Affen
D. Giraffen

Frage 2: Welches Tier erschreckt Timmy ein wenig, aber er weiß, dass er hinter dem Zaun sicher ist?

A. Tiger
B. Löwen
C. Bären
D. Elefanten

Vokabeln

1	monkeys	Affen
2	lions	Löwen
3	elephants	Elefanten
4	giraffes	Giraffen
5	teeth	Zähne
6	surprise	Überraschung
7	legs	Beine
8	tree	Baum
9	tiger	Tiger
10	zebra	Zebra
11	bear	Bär
12	bird	Vogel
13	animal	Tier
14	to be tired	müde sein
15	tall	groß
16	safe	sicher
17	fence	Zaun
18	sharp	scharf
19	area	Gebiet
20	to eat	essen

3. Emma's first day of school
Emmas erster Tag in der Schule

In a small town, there is a girl named Emma. Emma is a friendly girl. She loves to play and talk with others. One day, Emma's family moves to a new town. Emma feels sad. She misses her old friends.

In einer kleinen Stadt gibt es ein Mädchen namens Emma. Emma ist ein freundliches Mädchen. Sie liebt es, mit anderen zu spielen und zu reden. Eines Tages zieht Emmas Familie in eine andere Stadt. Emma ist traurig. Sie vermisst ihre alten Freunde.

On the first day of school, Emma is nervous. She wears her favourite dress. She hopes to make new friends. Emma's mom takes her to school. They walk into the classroom together. Emma sees many children she doesn't know.

Am ersten Schultag ist Emma nervös. Sie trägt ihr Lieblingskleid. Sie hofft, neue Freunde zu finden. Emmas Mutter bringt sie zur Schule. Sie gehen gemeinsam in das Klassenzimmer. Emma sieht viele Kinder, die sie nicht kennt.

Emma's mom gives her a hug and leaves. Emma sits at a table with other kids. She says hello to them. Some kids smile and say hello back. Emma feels a little better.

Emmas Mutter umarmt sie und geht. Emma setzt sich an einen Tisch mit anderen Kindern. Sie sagt Hallo zu ihnen. Einige Kinder lächeln und grüßen sie zurück. Emma fühlt sich ein bisschen besser.

At school break, Emma goes outside. She sees a girl playing by herself. The girl looks lonely. Emma walks up to the girl and asks her

In der Schulpause geht Emma nach draußen. Sie sieht ein Mädchen, das ganz allein spielt. Das Mädchen sieht einsam aus. Emma geht auf

name. The girl's name is Lucy. Emma asks Lucy if she wants to play together. Lucy smiles and says yes.

das Mädchen zu und fragt sie nach ihrem Namen. Der Name des Mädchens ist Lucy. Emma fragt Lucy, ob sie mit ihr spielen möchte. Lucy lächelt und sagt ja.

Emma and Lucy play on the swings. They laugh and have fun. They talk about their favourite things. Emma likes to draw, and Lucy likes to read. They find out they both love ice cream.

Emma und Lucy spielen auf der Schaukel. Sie lachen und haben Spaß. Sie sprechen über ihre Lieblingsbeschäftigungen. Emma malt gerne, und Lucy liest gerne. Sie finden heraus, dass sie beide Eiscreme lieben.

After school break, Emma and Lucy sit together in class. They work on a project together. They help each other and share their ideas. The teacher Mr. Smith sees them working well together. He praises their teamwork.

Nach der Pause sitzen Emma und Lucy zusammen in der Klasse. Sie arbeiten gemeinsam an einem Projekt. Sie helfen sich gegenseitig und tauschen ihre Ideen aus. Der Lehrer Mr. Smith sieht, dass sie gut zusammenarbeiten. Er lobt ihre Teamarbeit.

At the end of the day, Emma and Lucy walk home together. They live near each other. They make plans to play after school the next day. Emma feels happy she made a new friend.

Am Ende des Tages gehen Emma und Lucy gemeinsam nach Hause. Sie wohnen in der Nähe voneinander. Sie verabreden sich für den nächsten Tag zum Spielen nach der Schule. Emma ist froh, dass sie eine neue Freundin gefunden hat.

Emma learns that making friends is easy when you are kind and friendly. She knows she can make friends wherever she goes. Emma will always remember her first day in the new town and how she met her best friend, Lucy.

Emma lernt, dass es einfach ist, Freunde zu finden, wenn man nett und freundlich ist. Sie weiß, dass sie überall Freunde finden kann, wo sie hingeht. Emma wird sich immer an ihren ersten Tag in der neuen Stadt erinnern und daran, wie sie ihre beste Freundin Lucy kennenlernte.

Quiz

Question 1: Why is Emma nervous on her first day of school?

A. She is afraid of the teacher
B. She hopes to make new friends
C. She doesn‘t like her new school

Question 2: What do Emma and Lucy have in common?

A. They both don‘t like chocolate
B. They both love ice cream
C. They both hate school

Frage 1: Warum ist Emma an ihrem ersten Schultag nervös?

A. Sie hat Angst vor dem Lehrer
B. Sie hofft, neue Freunde zu finden
C. Sie mag ihre neue Schule nicht

Frage 2: Was haben Emma und Lucy gemeinsam?

A. Sie mögen beide keine Schokolade
B. Sie lieben beide Eiscreme
C. Sie hassen beide die Schule

Vokabeln

1	friendly	freundlich
2	girl	Mädchen
3	family	Familie
4	new	neu
5	school	Schule
6	nervous	nervös
7	dress	Kleid
8	classroom	Klassenzimmer
9	children	Kinder
10	hug	Umarmung
11	break	Pause
12	lonely	einsam
13	swings	Schaukeln
14	to laugh	lachen
15	to draw	zeichnen
16	to read	lesen
17	ice cream	Eiscreme
18	project	Projekt
19	teamwork	Teamarbeit

4. Danny goes to the cinema
Danny geht ins Kino

Danny loves watching movies. He likes funny movies, adventure movies, and animal movies. One day, Danny's mom tells him they are going to watch a movie at the cinema. Danny is very excited.

Danny liebt es, Filme zu sehen. Er mag lustige Filme, Abenteuerfilme und Tierfilme. Eines Tages erzählt Dannys Mutter ihm, dass sie sich einen Film im Kino ansehen werden. Danny ist sehr aufgeregt.

Danny gets ready for the movie. He puts on his favourite shirt. Danny and his mom get in the car and drive to the cinema. The cinema is a big building with many screens. They buy tickets and go inside.

Danny macht sich für den Film bereit. Er zieht sein Lieblingsshirt an. Danny und seine Mutter steigen ins Auto und fahren zum Kino. Das Kino ist ein großes Gebäude mit vielen Leinwänden. Sie kaufen Karten und gehen hinein.

Inside the cinema, Danny smells popcorn. He loves popcorn. Danny's mom buys a big bag of popcorn and two drinks. They find their seats in the big room. The chairs are soft and comfortable. Danny sits next to his mom.

Im Inneren des Kinos riecht Danny Popcorn. Er liebt Popcorn. Dannys Mutter kauft eine große Tüte Popcorn und zwei Getränke. Sie finden ihre Plätze in dem großen Saal. Die Stühle sind weich und bequem. Danny setzt sich neben seine Mutter.

The lights in the room become dark. The movie starts on the big screen. Danny watches the movie with big eyes. He eats popcorn and

Die Lichter im Raum werden dunkel. Der Film beginnt auf der großen Leinwand. Danny sieht sich den Film mit großen Augen

drinks his soda. The movie is about a superhero who saves the world. Danny loves the superhero's powers.

an. Er isst Popcorn und trinkt seine Limonade. Der Film handelt von einem Superhelden, der die Welt rettet. Danny liebt die Kräfte des Superhelden.

Danny laughs at the funny parts of the movie. He feels excited during the action scenes. Danny's mom enjoys the movie too. She smiles and holds Danny's hand.

Danny lacht über die lustigen Stellen im Film. Bei den Actionszenen fühlt er sich aufgeregt. Dannys Mutter genießt den Film ebenfalls. Sie lächelt und hält Dannys Hand.

After the movie, the lights come back on. Danny and his mom stand up and leave the room. They talk about the movie as they walk to the car. Danny tells his mom his favourite parts of the movie. He pretends to be the superhero.

Nach dem Film geht das Licht wieder an. Danny und seine Mutter stehen auf und verlassen den Raum. Auf dem Weg zum Auto unterhalten sie sich über den Film. Danny erzählt seiner Mutter, was er an dem Film am liebsten mag. Er tut so, als wäre er der Superheld.

On the way home, Danny thanks his mom for taking him to the cinema. He loves watching movies on the big screen. Danny decides he wants to be a superhero when he grows up. He will always remember the special day at the cinema with his mom.

Auf dem Heimweg bedankt sich Danny bei seiner Mutter, dass sie mit ihm ins Kino gegangen ist. Er liebt es, Filme auf der großen Leinwand zu sehen. Danny beschließt, dass er ein Superheld werden möchte, wenn er groß ist. Er wird sich immer an den besonderen Tag im Kino mit seiner Mutter erinnern.

Quiz

Question 1: What does Danny's mom buy for them both at the cinema?

A. A large popcorn and two drinks
B. Two ice creams and a popcorn
C. Three bags of gummy bears

Question 2: What is the movie that Danny and his mom watch at the cinema about?

A. A funny animal adventure
B. A superhero who saves the world
C. An exciting treasure hunt

Frage 1: Was kauft Dannys Mutter im Kino für sie beide?

A. Ein großes Popcorn und zwei Getränke
B. Zwei Eiscremes und ein Popcorn
C. Drei Tüten Gummibärchen

Frage 2: Wovon handelt der Film, den Danny und seine Mutter im Kino sehen?

A. Von einem lustigen Tierabenteuer
B. Von einem Superhelden, der die Welt rettet
C. Von einer spannenden Schatzsuche

Vokabeln

1	movies	Filme
2	cinema	Kino
3	superhero	Superheld
4	eyes	Augen
5	screen	Bildschirm
6	chair	Stuhl
7	comfortable	gemütlich
8	to love	lieben
9	special	besonders
10	to remember	sich erinnern
11	to decide something	etwas entscheiden
12	big	groß
13	room	Raum
14	to go inside something	in etwas hineingehen
15	treasure hunt	Schatzsuche
16	many	viele
17	very	sehr
18	to feel	fühlen
19	soft	weich

5. Max is afraid

Max hat Angst

In a small town, there is a boy named Max. Max is a brave boy, but he has one fear. He is afraid of the dark. When the sun goes down, Max feels scared. He worries about monsters hiding in the shadows.

In einer kleinen Stadt gibt es einen Jungen namens Max. Max ist ein mutiger Junge, aber er hat eine Angst. Er hat Angst vor der Dunkelheit. Wenn die Sonne untergeht, fürchtet sich Max. Er fürchtet sich vor Monstern, die sich in den Schatten verstecken.

One day, Max's mom tells him they are going to a nighttime event at the park. There will be games, food, and fireworks. Max wants to go, but he fears the dark. His mom tells him they will go together, and she will protect him.

Eines Tages erzählt Max' Mutter ihm, dass sie zu einer nächtlichen Veranstaltung im Park gehen werden. Es wird Spiele, Essen und ein Feuerwerk geben. Max möchte gerne mitgehen, aber er hat Angst vor der Dunkelheit. Seine Mutter sagt ihm, dass sie zusammen gehen werden und sie ihn beschützen wird.

Max decides to face his fear. He puts on his favourite superhero cape. He thinks it will give him courage. Max and his mom walk to the park. As the sun sets, Max starts to feel scared.

Max beschließt, sich seiner Angst zu stellen. Er zieht sich seinen Lieblings-Superheldenumhang an. Er glaubt, dass es ihm Mut geben wird. Max und seine Mutter gehen in den Park. Als die Sonne untergeht, beginnt Max sich zu fürchten.

When they arrive at the park, Max sees many people. They are laughing and having fun. The park has lights everywhere. Max feels a little better. He takes a deep breath and holds his mom's hand.

Als sie im Park ankommen, sieht Max viele Leute. Sie lachen und haben Spaß. Im Park gibt es überall Lichter. Max fühlt sich ein wenig besser. Er atmet tief durch und hält die Hand seiner Mutter.

Max and his mom play games at the park. They win prizes and eat tasty food. As the night goes on, Max feels less scared. He starts to enjoy himself.

Max und seine Mutter spielen im Park Spiele. Sie gewinnen Preise und essen leckeres Essen. Je länger die Nacht dauert, desto weniger Angst hat Max. Er beginnt sich zu amüsieren.

Finally, it is time for the fireworks. Max and his mom sit on a blanket. The sky is dark, but Max is not afraid. He watches the fireworks light up the sky. They are beautiful and loud. Max claps and cheers.

Schließlich ist es Zeit für das Feuerwerk. Max und seine Mutter sitzen auf einer Decke. Der Himmel ist dunkel, aber Max hat keine Angst. Er sieht zu, wie das Feuerwerk den Himmel erhellt. Es ist wunderschön und laut. Max klatscht und jubelt.

After the fireworks, Max and his mom walk home. Max is proud of himself. He faced his fear of the dark and had a great time. He realizes the dark is not so scary after all.

Nach dem Feuerwerk gehen Max und seine Mutter nach Hause. Max ist stolz auf sich. Er hat sich seiner Angst vor der Dunkelheit gestellt und hatte eine tolle Zeit. Er stellt fest, dass die Dunkelheit doch nicht so unheimlich ist.

From that day on, Max is not afraid of the dark anymore. He knows he can overcome any fear if he tries. Max will always remember the night he faced his fear and became braver than ever.

Von diesem Tag an hat Max keine Angst mehr vor der Dunkelheit. Er weiß, dass er jede Angst überwinden kann, wenn er es versucht. Max wird sich immer an die Nacht erinnern, in der er sich seiner Angst stellte und mutiger wurde als je zuvor.

Quiz

Question 1: Why is Max scared when his mom tells him about the nighttime event at the park?

A. He is afraid of the food
B. He is afraid of the dark
C. He doesn‘t like games

Question 2: How does Max feel during the fireworks?

A. Scared
B. Sad
C. No longer afraid

Frage 1: Warum hat Max Angst, als seine Mutter ihm von der nächtlichen Veranstaltung im Park erzählt?

A. Er fürchtet sich vor dem Essen
B. Er hat Angst vor der Dunkelheit
C. Er mag keine Spiele

Frage 2: Wie fühlt sich Max während des Feuerwerks?

A. Ängstlich
B. Traurig
C. Nicht mehr ängstlich

Vokabeln

1	boy	Junge
2	to be brave	mutig sein
3	fear	Angst
4	to be afraid	Angst haben
5	dark	Dunkelheit
6	sun	Sonne
7	to go down	untergehen
8	to feel scared	Angst fühlen
9	monsters	Monster
10	to hide	verstecken
11	nighttime event	nächtliche Veranstaltung
12	park	Park
13	games	Spiele
14	food	Essen
15	fireworks	Feuerwerk
16	to protect	beschützen
17	to face	konfrontieren
18	superhero cape	Superheldenumhang
19	to give courage	Mut machen
20	people	Leute

6. Sophie learns to cook

Sophie lernt kochen

There is a funny little girl. Her name is Sophie. Sophie loves to help her mom in the kitchen. She likes to learn about different foods and how to cook them. One day, her mom asks her to go grocery shopping with her. Sophie is excited.

Es gibt ein lustiges kleines Mädchen. Ihr Name ist Sophie. Sophie liebt es, ihrer Mutter in der Küche zu helfen. Sie mag es, verschiedene Lebensmittel kennenzulernen und zu lernen, wie man sie zubereitet. Eines Tages bittet ihre Mutter sie, mit ihr einkaufen zu gehen. Sophie ist begeistert.

Sophie and her mom make a shopping list. They write down fruits, vegetables, meat, and other items they need. They grab their reusable bags and walk to the grocery store. Sophie holds her mom‘s hand as they go.

Sophie und ihre Mutter machen eine Einkaufsliste. Sie schreiben Obst, Gemüse, Fleisch und andere Dinge auf, die sie brauchen. Sie schnappen sich ihre wiederverwendbaren Taschen und gehen in den Supermarkt. Sophie hält die Hand ihrer Mutter, während sie gehen.

At the grocery store, Sophie and her mom start shopping. They pick up apples, bananas, and oranges from the fruit section. Sophie loves the bright colours of the fruits. They also choose fresh vegetables like carrots, tomatoes, and spinach.

Im Lebensmittelgeschäft beginnen Sophie und ihre Mutter mit dem Einkaufen. Sie nehmen sich Äpfel, Bananen und Orangen aus der Obstabteilung mit. Sophie liebt die bunten Farben der Früchte. Sie wählen auch frisches Gemüse wie Karotten, Tomaten und Spinat.

Next, they go to the meat and dairy

Als Nächstes gehen sie in die

section. They buy chicken, eggs, and cheese. Sophie's mom teaches her about different types of cheese. Sophie picks a new cheese to try at home. They also get bread, pasta, and cereal.

Abteilung für Fleisch und Milchprodukte. Sie kaufen Hähnchen, Eier und Käse. Sophies Mutter bringt ihr die verschiedenen Käsesorten bei. Sophie sucht sich einen neuen Käse aus, um ihn zu Hause zu probieren. Sie kaufen auch Brot, Nudeln und Müsli.

After they finish shopping, they pay for the groceries and walk home. Sophie helps her mom carry the bags. She is proud to help with the shopping.

Nachdem sie mit dem Einkaufen fertig sind, bezahlen sie ihre Einkäufe und gehen nach Hause. Sophie hilft ihrer Mutter, die Tüten zu tragen. Sie ist stolz darauf, beim Einkaufen zu helfen.

At home, Sophie and her mom start cooking dinner. They wash the fruits and vegetables. Sophie learns how to chop the vegetables safely. They marinate the chicken and cook it in the oven. Sophie's mom teaches her how to cook pasta.

Zu Hause fangen Sophie und ihre Mutter an, das Abendessen zu kochen. Sie waschen das Obst und Gemüse. Sophie lernt, wie man das Gemüse sicher schneidet. Sie marinieren das Huhn und braten es im Ofen. Sophies Mutter bringt ihr bei, wie man Nudeln kocht.

While they cook, Sophie and her mom talk and laugh. They have fun in the kitchen. Sophie learns many new cooking skills from her mom.

Während sie kochen, unterhalten sich Sophie und ihre Mutter und lachen. Sie haben viel Spaß in der Küche. Sophie lernt viele neue Kochkünste von ihrer Mutter.

When dinner is ready, the family sits down to eat. Sophie is proud of the meal she helped prepare. The food is delicious. Her family praises her for her hard work.

Als das Essen fertig ist, setzt sich die Familie zum Essen hin. Sophie ist stolz auf das Essen, das sie mit zubereitet hat. Das Essen ist köstlich. Ihre Familie lobt sie für ihre harte Arbeit.

Sophie learns that buying groceries and cooking food can be fun. She

Sophie lernt, dass es Spaß machen kann, Lebensmittel einzukaufen

enjoys spending time with her mom and learning new skills. Sophie looks forward to the next time she can help in the kitchen and cook a tasty meal for her family.

und Essen zu kochen. Sie genießt es, Zeit mit ihrer Mutter zu verbringen und neue Fähigkeiten zu erlernen. Sophie freut sich schon auf das nächste Mal, wenn sie in der Küche helfen und ein leckeres Essen für ihre Familie zubereiten kann.

Quiz

Question 1: What do Sophie and her mom buy in the fruit section of the grocery store?

A. Apples, bananas, and oranges
B. Grapes, strawberries, and pears
C. Cherries, pineapple, and kiwi

Question 2: What does Sophie learn from her mom while they prepare dinner?

A. How to drive a car safely
B. How to ride a bicycle
C. How to chop vegetables safely

Frage 1: Was kaufen Sophie und ihre Mutter im Obstbereich des Lebensmittelgeschäfts?

A. Äpfel, Bananen und Orangen
B. Trauben, Erdbeeren und Birnen
C. Kirschen, Ananas und Kiwi

Frage 2: Was lernt Sophie von ihrer Mutter, während sie das Abendessen zubereiten?

A. Wie man sicher Autofährt
B. Wie man ein Fahrrad fährt
C. Wie man Gemüse sicher schneidet

Vokabeln

1	funny	lustig
2	to help	helfen
3	kitchen	Küche
4	to learn	lernen
5	different	unterschiedlich
6	grocery shopping	Lebensmitteleinkauf
7	excited	aufgeregt
8	shopping list	Einkaufsliste
9	fruits	Früchte
10	vegetables	Gemüse
11	meat	Fleisch
12	reusable bags	wiederverwendbare Taschen
13	grocery store	Lebensmittelgeschäft
14	to pick up	aufheben
15	fresh	frisch
16	dairy section	Molkereiabteilung
17	to teach	lehren
18	to try	versuchen
19	to pay	bezahlen
20	to carry	tragen

7. A family vacation
Ein Familienurlaub

There is a family of four. There is a mom, a dad, and two kids named Sarah and Jack. They love going on vacations together. One day, the family decides to go on a beach vacation. They are very excited.

Es gibt eine vierköpfige Familie. Es gibt eine Mutter, einen Vater und zwei Kinder namens Sarah und Jack. Sie lieben es, zusammen in den Urlaub zu fahren. Eines Tages beschließt die Familie, einen Strandurlaub zu machen. Sie sind sehr aufgeregt.

Sarah and Jack help pack their bags. They put in swimsuits, beach towels, and sunscreen. They also pack their favourite toys and books. The family loads the car and starts their journey to the beach.

Sarah und Jack helfen beim Packen ihrer Koffer. Sie packen Badesachen, Strandtücher und Sonnencreme ein. Sie packen auch ihre Lieblingsspielzeuge und Bücher ein. Die Familie belädt das Auto und macht sich auf den Weg zum Strand.

On the way to the beach, they sing songs and play games in the car. They see beautiful scenery outside the window. Sarah and Jack take turns guessing the names of the trees and animals they see. The car ride is full of fun and laughter.

Auf dem Weg zum Strand singen sie Lieder und spielen Spiele im Auto. Vor dem Fenster sehen sie eine wunderschöne Landschaft. Sarah und Jack raten abwechselnd die Namen der Bäume und Tiere, die sie sehen. Die Autofahrt ist voller Spaß und Lachen.

When they arrive at the beach, the

Als sie am Strand ankommen,

family checks into their hotel. The hotel is close to the beach, and they can see the ocean from their room. The kids are excited to go to the beach and play in the sand.

checkt die Familie in ihrem Hotel ein. Das Hotel liegt in der Nähe des Strandes, und von ihrem Zimmer aus können sie das Meer sehen. Die Kinder freuen sich darauf, an den Strand zu gehen und im Sand zu spielen.

The next day, the family spends the whole day at the beach. Sarah and Jack build sandcastles and collect seashells. They play in the water and splash each other. Their mom and dad relax under an umbrella, enjoying the sun and the sound of the waves.

Am nächsten Tag verbringt die Familie den ganzen Tag am Strand. Sarah und Jack bauen Sandburgen und sammeln Muscheln. Sie spielen im Wasser und bespritzen sich gegenseitig. Ihre Mutter und ihr Vater entspannen sich unter einem Sonnenschirm und genießen die Sonne und das Rauschen der Wellen.

In the evenings, the family goes out to eat at different restaurants. They try new foods and enjoy ice cream for dessert. After dinner, they walk along the beach and watch the sunset. The sky is full of beautiful colours.

Am Abend geht die Familie in verschiedenen Restaurants essen. Sie probieren neue Gerichte aus und essen zum Nachtisch Eiscreme. Nach dem Essen gehen sie am Strand entlang und beobachten den Sonnenuntergang. Der Himmel ist voller schöner Farben.

On the last day of their vacation, the family goes on a boat ride. They see dolphins jumping in the water. Sarah and Jack are amazed by the dolphins and take many pictures.

Am letzten Tag ihres Urlaubs macht die Familie eine Bootsfahrt. Dabei sehen sie Delfine, die ins Wasser springen. Sarah und Jack sind von den Delfinen begeistert und machen viele Fotos.

When the vacation is over, the family packs their bags and heads home. They talk about their favourite memories from the trip. Sarah and Jack are grateful for the

Als der Urlaub zu Ende ist, packt die Familie ihre Koffer und macht sich auf den Heimweg. Sie sprechen über ihre schönsten Erinnerungen an die Reise. Sarah und Jack sind

fun they had with their family.

dankbar für den Spaß, den sie mit ihrer Familie hatten.

Quiz

Question 1: What activities do Sarah and Jack do at the beach?

A. Build sandcastles and collect seashells
B. Hiking and fishing
C. Playing soccer and volleyball

Question 2: What does the family do on the last day of their vacation?

A. They go to an amusement park
B. They go on a boat ride
C. They visit a museum

Frage 1: Welche Aktivitäten machen Sarah und Jack am Strand?

A. Sandburgen bauen und Muscheln sammeln
B. Wandern und Fischen
C. Fußball und Volleyball spielen

Frage 2: Was macht die Familie am letzten Tag ihres Urlaubs?

A. Sie fahren in einen Vergnügungspark
B. Sie gehen auf eine Bootsfahrt
C. Sie besuchen ein Museum

Vokabeln

1	vacation	Urlaub
2	beach	Strand
3	to pack	packen
4	bags	Taschen
5	swimsuits	Badeanzüge
6	beach towels	Strandtücher
7	sunscreen	Sonnencreme
8	to load	beladen
9	car	Auto
10	journey	Reise
11	to sing	singen
12	scenery	Landschaft
13	to guess	raten
14	hotel	Hotel
15	ocean	Ozean
16	sand	Sand
17	umbrella	Sonnenschirm
18	seashell	Muschel
19	restaurants	Restaurants

8. Tommy's Christmas
Tommys Weihnachten

In a small town, there is a boy named Tommy. Tommy loves Christmas. He likes the lights, the decorations, and the presents. He also loves spending time with his family. Christmas is a special time for Tommy and his family.

In einer kleinen Stadt gibt es einen Jungen namens Tommy. Tommy liebt Weihnachten. Er mag die Lichter, die Dekoration und die Geschenke. Er liebt es auch, Zeit mit seiner Familie zu verbringen. Weihnachten ist eine besondere Zeit für Tommy und seine Familie.

As Christmas approaches, Tommy and his family decorate their house. They hang colourful lights outside. Inside, they put up a big Christmas tree. Tommy helps his mom and dad put ornaments on the tree. They also hang stockings by the fireplace.

Wenn Weihnachten naht, schmücken Tommy und seine Familie ihr Haus. Draußen hängen sie bunte Lichter auf. Drinnen stellen sie einen großen Weihnachtsbaum auf. Tommy hilft seiner Mutter und seinem Vater, den Baum mit Ornamenten zu schmücken. Außerdem hängen sie Strümpfe vor den Kamin.

One day, Tommy's mom asks him to make a Christmas wish list. Tommy thinks about what he wants. He writes down some toys, books, and games. He also wishes for snow on Christmas day.

Eines Tages bittet Tommys Mutter ihn, einen Wunschzettel für Weihnachten zu schreiben. Tommy denkt darüber nach, was er sich wünscht. Er schreibt einige Spielsachen, Bücher und Spiele auf. Außerdem wünscht er sich Schnee am Weihnachtstag.

At school, Tommy and his

In der Schule lernen Tommy und

classmates learn about Christmas traditions. They sing Christmas carols and make cards for their families. Tommy makes a beautiful card for his mom and dad. He is excited to give it to them.

seine Klassenkameraden etwas über Weihnachtstraditionen. Sie singen Weihnachtslieder und basteln Karten für ihre Familien. Tommy bastelt eine wunderschöne Karte für seine Mutter und seinen Vater. Er freut sich darauf, sie ihnen zu geben.

On Christmas Eve, Tommy and his family have a big dinner. They eat delicious food and enjoy each other's company. After dinner, they sit by the fireplace and sing carols. They also read a story about the first Christmas.

An Heiligabend gibt es ein großes Abendessen für Tommy und seine Familie. Sie essen leckeres Essen und genießen die Gesellschaft der anderen. Nach dem Essen sitzen sie vor dem Kamin und singen Weihnachtslieder. Außerdem lesen sie eine Geschichte über das erste Weihnachten.

Before bedtime, Tommy puts on his pyjamas and hangs his stocking. He is excited for Santa to come. Tommy's mom tucks him into bed and kisses him goodnight. Tommy falls asleep dreaming of Christmas morning.

Vor dem Schlafengehen zieht Tommy seinen Pyjama an und hängt seinen Strumpf auf.
Er freut sich darauf, dass der Weihnachtsmann kommt. Tommys Mutter bringt ihn ins Bett und gibt ihm einen Gutenachtkuss. Tommy schläft ein und träumt vom Weihnachtsmorgen.

When Tommy wakes up on Christmas morning, he sees presents under the tree. He runs to wake up his mom and dad. The family gathers around the tree and opens their presents. Tommy is happy with his gifts. He also sees that it is snowing outside. His Christmas wish came true.

Als Tommy am Weihnachtsmorgen aufwacht, sieht er Geschenke unter dem Baum. Er rennt los, um Mama und Papa zu wecken. Die Familie versammelt sich um den Baum und öffnet ihre Geschenke. Tommy ist glücklich über seine Geschenke. Er sieht auch, dass es draußen schneit. Sein Weihnachtswunsch ist in Erfüllung gegangen.

The family spends the day playing

Die Familie verbringt den Tag

in the snow, drinking hot tea, and enjoying their new gifts. They are grateful for the time they spend together. Tommy knows that the best part of Christmas is being with his family.

damit, im Schnee zu spielen, heißen Tee zu trinken und sich über ihre neuen Geschenke zu freuen. Sie sind dankbar für die Zeit, die sie gemeinsam verbringen. Tommy weiß, dass das Beste an Weihnachten das Zusammensein mit seiner Familie ist.

Quiz

Question 1: What does Tommy wish for Christmas besides toys, books, and games?

A. A dog
B. Snow on Christmas day
C. A trip to Disneyland

Question 2: What do Tommy and his family do on Christmas morning?

A. They go ice skating
B. They play in the snow and drink hot tea
C. They visit their relatives

Frage 1: Was wünscht sich Tommy neben Spielzeug, Büchern und Spielen noch zu Weihnachten?

A. Einen Hund
B. Schnee am Weihnachtstag
C. Eine Reise nach Disneyland

Frage 2: Was machen Tommy und seine Familie am Weihnachtsmorgen?

A. Sie gehen Schlittschuhlaufen
B. Sie spielen im Schnee und trinken heißen Tee
C. Sie besuchen ihre Verwandten

Vokabeln

1	small town	kleines Dorf
2	Christmas	Weihnachten
3	lights	Lichter
4	decorations	Dekorationen
5	presents	Geschenke
6	to approach	sich nähern
7	to decorate	dekorieren
8	Christmas tree	Weihnachtsbaum
9	ornaments	Christbaumschmuck
10	fireplace	Kamin
11	wish list	Wunschliste
12	snow	Schnee
13	classmates	Klassenkameraden
14	Christmas carols	Weihnachtslieder
15	Christmas Eve	Heiligabend
16	pyjamas	Schlafanzug
17	to gather	sich versammeln
18	grateful	dankbar
19	stocking	Strumpf

9. Danny plays soccer

Danny spielt Fußball

In a big city, there is a boy named Danny. Danny loves playing soccer. He plays on a team called the Lightning Bolts. The team practices every week and Danny works hard to improve his skills.

In einer großen Stadt gibt es einen Jungen namens Danny. Danny liebt es, Fußball zu spielen. Er spielt in einer Mannschaft namens Lightning Bolts. Die Mannschaft trainiert jede Woche und Danny arbeitet hart, um seine Fähigkeiten zu verbessern.

One day, the Lightning Bolts have a big game against their rivals, the Thunder Strikers. The game is important because the winner will be the champion of their league. Danny and his teammates are excited and a little nervous.

Eines Tages haben die Lightning Bolts ein großes Spiel gegen ihre Rivalen, die Thunder Strikers. Das Spiel ist wichtig, denn der Gewinner wird der Meister ihrer Liga sein. Danny und seine Mannschaftskameraden sind aufgeregt und ein bisschen nervös.

Before the game, the coach gives the team a pep talk. He tells them to play their best and have fun. Danny listens carefully and feels more confident. He is ready to play his best soccer.

Vor dem Spiel hält der Trainer eine aufmunternde Ansprache an das Team. Er fordert sie auf, ihr Bestes zu geben und Spaß zu haben. Danny hört aufmerksam zu und fühlt sich sicherer. Er ist bereit, seinen besten Fußball zu spielen.

The game begins and both teams play hard. Danny plays as a forward. He runs fast, passes the ball, and

Das Spiel beginnt und beide Mannschaften spielen hart. Danny spielt als Stürmer. Er läuft schnell,

takes shots at the goal. The game is very close. Both teams score goals, and the crowd cheers loudly.

As the game goes on, the score is tied. There is only one minute left to play. Danny's team gets a chance to score the final goal. The crowd holds its breath as the Lightning Bolts pass the ball down the field.

The ball comes to Danny, and he sees an opening. He takes a deep breath and kicks the ball with all his strength. The ball flies through the air and goes into the goal. The Lightning Bolts score the final goal!

The crowd erupts in cheers, and Danny's teammates run to him. They lift him up on their shoulders and celebrate their victory. The coach smiles and claps, proud of his team's effort.

After the game, the Lightning Bolts receive a trophy for being the champions. Danny and his teammates take a picture with the trophy, smiling and laughing.

Danny learns that playing soccer is about more than just scoring goals. It is about working together with his teammates and having fun. He will

gibt den Ball ab und schießt auf das Tor. Das Spiel ist sehr eng. Beide Mannschaften schießen Tore, und die Zuschauer jubeln lautstark.

Als das Spiel weitergeht, ist der Spielstand unentschieden. Es ist nur noch eine Minute zu spielen. Dannys Team bekommt die Chance, das letzte Tor zu schießen. Die Zuschauer halten den Atem an, als die Lightning Bolts den Ball über das Feld spielen.

Der Ball kommt zu Danny, und er sieht eine Lücke. Er holt tief Luft und schießt den Ball mit aller Kraft. Der Ball fliegt durch die Luft und landet im Tor. Die Lightning Bolts schießen das letzte Tor!

Die Menge bricht in Jubel aus, und Dannys Mannschaftskameraden rennen zu ihm. Sie heben ihn auf ihre Schultern und feiern ihren Sieg. Der Trainer lächelt und klatscht, stolz auf die Leistung seiner Mannschaft.

Nach dem Spiel erhalten die Lightning Bolts eine Trophäe für den Titelgewinn. Danny und seine Mannschaftskameraden machen ein Foto mit dem Pokal, lächeln und lachen.

Danny lernt, dass es beim Fußballspielen um mehr geht als nur darum, Tore zu schießen. Es geht darum, mit

always remember the day he scored the final goal and helped his team become champions.

seinen Mannschaftskameraden zusammenzuarbeiten und Spaß zu haben. Er wird sich immer an den Tag erinnern, an dem er das letzte Tor schoss und seiner Mannschaft half, Meister zu werden.

Quiz

Question 1: What sport does Danny enjoy playing?

A. Basketball
B. Soccer
C. Tennis

Question 2: What was the outcome of Danny's crucial shot in the game?

A. The ball went into the goal
B. The ball went past the goal
C. The goalkeeper saved the ball

Frage 1: Welchen Sport spielt Danny gerne?

A. Basketball
B. Fußball
C. Tennis

Frage 2: Was war das Ergebnis von Dannys entscheidendem Schuss im Spiel?

A. Der Ball ging ins Tor
B. Der Ball ging am Tor vorbei
C. Der Torwart hielt den Ball

Vokabeln

1	big city	Großstadt
2	to play soccer	Fußball spielen
3	team	Team
4	to practice	üben
5	skills	Fähigkeiten
6	game	Spiel
7	rivals	Rivalen
8	champion	Champion, Meister
9	nervous	nervös
10	coach	Trainer
11	pep talk	Motivationsrede
12	confident	selbstsicher
13	forward	Stürmer
14	to pass the ball	Ball passen
15	goal	Tor
16	crowd	Menge, Publikum
17	to score	punkten, ein Tor schießen
18	victory	Sieg
19	trophy	Pokal
20	to enjoy	genießen

10. Tommy and his sister go shopping
Tommy und seine Schwester gehen einkaufen

Tommy loves shopping for new clothes with his family. His favourite place to shop is the big mall in the centre of town. The mall has many stores with lots of different clothes to choose from.

Tommy liebt es, mit seiner Familie neue Kleidung zu kaufen. Am liebsten kauft er in dem großen Einkaufszentrum im Stadtzentrum ein. Im Einkaufszentrum gibt es viele Geschäfte mit einer großen Auswahl an Kleidung.

One sunny day, Tommy's mom takes him and his sister, Lily, to the mall to buy some new clothes for the upcoming school year. Tommy is excited to find cool and colourful clothes to wear.

An einem sonnigen Tag nimmt Tommys Mutter ihn und seine Schwester Lily mit ins Einkaufszentrum, um neue Kleidung für das kommende Schuljahr zu kaufen. Tommy freut sich darauf, coole und bunte Kleidung zu finden.

When they arrive at the mall, they go to a store that has lots of clothes for kids. Tommy starts looking at the different types of clothes they have. He sees t-shirts with funny designs, like animals wearing sunglasses and skateboarding. He also finds some with his favourite superheroes and cartoon characters on them.

Als sie im Einkaufszentrum ankommen, gehen sie in ein Geschäft, in dem es jede Menge Kinderkleidung gibt. Tommy schaut sich die verschiedenen Arten von Kleidung an. Er sieht T-Shirts mit lustigen Motiven, z. B. mit Tieren, die Sonnenbrillen tragen oder Skateboard fahren. Er findet auch welche mit seinen Lieblingssuperhelden und Zeichentrickfiguren darauf.

Next, Tommy checks out the jeans and pants. There are many different styles, like skinny jeans, cargo pants, and sweatpants. Tommy tries on a few pairs to see which ones are the most comfortable and fit him best.

Als Nächstes sieht sich Tommy die Jeans und Hosen an. Es gibt viele verschiedene Modelle, wie Skinny Jeans, Cargohosen und Jogginghosen. Tommy probiert ein paar Hosen an, um herauszufinden, welche am bequemsten sind und ihm am besten passen.

In another section of the store, Tommy finds some cosy and warm sweaters. Some have stripes or fun patterns, while others are plain but come in lots of bright colours. He picks out a few to wear during the colder months.

In einer anderen Abteilung des Ladens findet Tommy einige kuschelige und warme Pullover. Einige sind gestreift oder mit lustigen Mustern versehen, andere sind schlicht, aber in vielen bunten Farben. Er sucht sich ein paar davon aus, um sie in den kälteren Monaten zu tragen.

Tommy also looks at the hats and shoes. He finds a cool baseball cap with his favourite sports team's logo on it. He also sees some sneakers in various colours and styles, like high-tops and slip-ons. Tommy chooses a new pair of sneakers that will be perfect for playing outside and going to school.

Tommy sieht sich auch die Mützen und Schuhe an. Er findet eine coole Baseballmütze mit dem Logo seiner Lieblingssportmannschaft. Er sieht auch einige Turnschuhe in verschiedenen Farben und Stilen, wie High-Tops und Slipper. Tommy sucht sich ein neues Paar Turnschuhe aus, die perfekt zum Spielen draußen und für die Schule geeignet sind.

Meanwhile, Lily is busy picking out pretty dresses, skirts, and leggings. She loves clothes with sparkles, flowers, and cute animals on them.

In der Zwischenzeit ist Lily damit beschäftigt, hübsche Kleider, Röcke und Leggings auszusuchen. Sie liebt Kleider mit Glitzer, Blumen und niedlichen Tieren darauf.

After they finish shopping, Tommy, Lily, and their mom go to the checkout counter to pay for their

Nachdem sie mit dem Einkaufen fertig sind, gehen Tommy, Lily und ihre Mutter zur Kasse, um ihre

new clothes. They are excited to wear their new outfits and show them off to their friends at school.

neue Kleidung zu bezahlen. Sie freuen sich schon darauf, ihre neuen Sachen anzuziehen und sie ihren Freunden in der Schule zu zeigen.

Quiz

Question 1: Where is Tommy‘s favourite place to shop for clothes?

A. At the big mall in the centre of town
B. At a small clothing store in the neighbourhood
C. Online

Question 2: What type of hat did Tommy pick out?

A. One with his favourite sports team‘s logo
B. One with an animal design
C. One with a superhero

Frage 1: Wo ist Tommys Lieblingsort zum Einkaufen von Kleidung?

A. Im großen Einkaufszentrum in der Stadtmitte
B. In einem kleinen Bekleidungsgeschäft in der Nachbarschaft
C. Online

Frage 2: Welche Art von Mütze hat Tommy ausgesucht?

A. Eine mit seinem Lieblingssportteam-Logo
B. Eine mit einem Tiermotiv
C. Eine mit einem Superhelden

Vokabeln		
1	shopping for new clothes	neue Kleidung einkaufen
2	mall	Einkaufszentrum
3	stores	Geschäfte
4	sunny day	sonniger Tag
5	upcoming school year	kommendes Schuljahr
6	colourful clothes	farbenfrohe Kleidung
7	funny design	lustiges Design
8	pants	Hosen
9	to try on	anprobieren
10	sweater	Pullover
11	stripes	Streifen
12	hats	Hüte
13	baseball cap	Baseballkappe
14	pretty	hübsch
15	sneakers	Turnschuhe
16	dress	Kleid
17	sparkles	Glitzer
18	checkout counter	Kasse
19	to pay for	bezahlen für
20	skirt	Rock

11. Tom explores the forest
Tom erforscht den Wald

In a small village, there is a boy named Tom. Tom likes to explore. One day, he decides to look around the forest near his house. He puts on his hat and backpack and starts his adventure.

In einem kleinen Dorf gibt es einen Jungen namens Tom. Tom liebt es, auf Entdeckungsreise zu gehen. Eines Tages beschließt er, sich im Wald in der Nähe seines Hauses umzusehen. Er setzt seinen Hut und seinen Rucksack auf und beginnt sein Abenteuer.

As Tom goes into the forest, he sees many big trees and pretty flowers. He sees butterflies flying and hears birds singing. Tom walks on a curvy path, feeling excited about his adventure.

Als Tom in den Wald geht, sieht er viele große Bäume und schöne Blumen. Er sieht Schmetterlinge fliegen und hört Vögel singen. Tom geht auf einem kurvenreichen Weg und freut sich auf sein Abenteuer.

While walking, Tom finds a little stream. He watches as the water moves over rocks and makes a soft sound. Tom sees fish swimming in the stream and even sees a frog jumping nearby. He smiles and keeps exploring.

Während er läuft, findet Tom einen kleinen Bach. Er beobachtet, wie das Wasser über Felsen fließt und ein leises Geräusch macht. Tom sieht Fische im Bach schwimmen und sieht sogar einen Frosch in der Nähe springen. Er lächelt und erkundet weiter.

Deeper in the forest, Tom finds a big, old tree with a hole in it. He looks inside and finds a family of

Tiefer im Wald findet Tom einen großen, alten Baum mit einem Loch darin. Er schaut hinein und findet

squirrels. The squirrels talk and play together, jumping from one branch to another. Tom enjoys watching the squirrels and their funny games.

eine Familie von Eichhörnchen. Die Eichhörnchen reden und spielen miteinander und springen von einem Ast zum anderen. Tom genießt es, die Eichhörnchen und ihre lustigen Spiele zu beobachten.

As Tom walks more, he sees a small open space. In the middle of the open space, there are some deer eating grass. Tom stays very quiet and watches the deer from far away. He thinks they are pretty and nice to look at.

Als Tom weiterläuft, sieht er eine kleine freie Fläche. In der Mitte der Freifläche stehen ein paar Rehe und fressen Gras. Tom bleibt ganz ruhig und beobachtet die Rehe aus der Ferne. Er findet, dass sie hübsch und nett anzuschauen sind.

After some time, Tom decides it is time to go back home. He goes back through the forest, saying goodbye to the animals he met. Tom feels happy and thankful for the great adventure he had in the forest.

Nach einiger Zeit beschließt Tom, dass es Zeit ist, nach Hause zu gehen. Er geht zurück durch den Wald und verabschiedet sich von den Tieren, die er getroffen hat. Tom ist glücklich und dankbar für das große Abenteuer, das er im Wald erlebt hat.

When Tom gets home, he tells his family all about his forest exploration. He talks about the animals he saw, the stream he found, and the beauty of the forest. Tom's family listens and smiles at his excitement.

Als Tom nach Hause kommt, erzählt er seiner Familie alles über seine Erkundung des Waldes. Er erzählt von den Tieren, die er gesehen hat, von dem Bach, den er gefunden hat, und von der Schönheit des Waldes. Toms Familie hört ihm zu und lächelt über seine Aufregung.

Quiz

Question 1: What does Tom find inside a tree hole during his exploration?

A. An owl
B. A family of squirrels
C. A bird‘s nest

Question 2: What animals does Tom observe in a small open space in the forest?

A. Rabbits
B. Deer
C. Foxes

Frage 1: Was findet Tom während seiner Erkundung in einem Baumloch?

A. Eine Eule
B. Eine Familie von Eichhörnchen
C. Ein Vogelnest

Frage 2: Welche Tiere beobachtet Tom in einer kleinen, offenen Fläche im Wald?

A. Hasen
B. Rehe
C. Füchse

Vokabeln

1	to explore	erkunden
2	forest	Wald
3	hat	Hut
4	backpack	Rucksack
5	adventure	Abenteuer
6	trees	Bäume
7	flowers	Blumen
8	butterflies	Schmetterlinge
9	birds	Vögel
10	path	Pfad
11	stream	Bach
12	rocks	Steine
13	fish	Fische
14	frog	Frosch
15	squirrel	Eichhörnchen
16	deer	Hirsch
17	grass	Gras
18	home	Zuhause
19	quiet	ruhig
20	excitement	Aufregung

12. Tim lives on a farm
Tim lebt auf einem Bauernhof

In a small peaceful village, there is a boy named Tim. Tim lives on a farm with his family. They have many animals and plants. Tim loves his life on the farm and enjoys helping his family every day.

In einem kleinen, friedlichen Dorf gibt es einen Jungen namens Tim. Tim lebt mit seiner Familie auf einem Bauernhof. Sie haben viele Tiere und Pflanzen. Tim liebt sein Leben auf dem Bauernhof und hilft seiner Familie gerne jeden Tag.

Every morning, Tim wakes up early. He puts on his boots and hat, ready to start his day. First, Tim goes to the chicken coop. He collects fresh eggs for breakfast. Tim carefully puts the eggs in a basket and takes them inside.

Jeden Morgen wacht Tim früh auf. Er zieht seine Stiefel und seinen Hut an und ist bereit, seinen Tag zu beginnen. Zuerst geht Tim zum Hühnerstall. Er sammelt frische Eier für das Frühstück ein. Sorgfältig legt Tim die Eier in einen Korb und nimmt sie mit ins Haus.

Next, Tim goes to the barn to feed the cows. He fills their trough with hay and makes sure they have clean water. Tim also takes time to pet the cows and give them some love. The cows moo happily when they see Tim coming.

Als nächstes geht Tim in den Stall, um die Kühe zu füttern. Er füllt ihren Trog mit Heu und sorgt dafür, dass sie sauberes Wasser haben. Tim nimmt sich auch Zeit, um die Kühe zu streicheln und ihnen etwas Liebe zu geben. Die Kühe muhen fröhlich, wenn sie Tim kommen sehen.

After the cows, Tim visits the sheep

Nach den Kühen besucht Tim die

in their pen. He feeds them and checks on their wool. Tim's family shears the sheep when their wool gets too long. The wool is then used to make warm clothes for the family.

Tim also helps his family grow vegetables in their garden. They plant tomatoes, carrots, lettuce, and many other delicious vegetables. Tim waters the plants and pulls out any weeds. He loves watching the vegetables grow and knowing he helped take care of them.

When the day is almost over, Tim helps his family take care of the horses. They brush the horses' coats, feed them, and make sure they have fresh water. Sometimes, Tim gets to ride the horses around the farm. He feels free and happy when he rides.

At the end of the day, Tim and his family sit down for dinner together. They enjoy the food they have grown and the love they share. Tim feels proud of the work he does on the farm and the life they have built together.

Living on a farm teaches Tim about hard work, responsibility, and the beauty of nature. He loves his life on the farm and wouldn't trade it

Schafe in ihrem Stall. Er füttert sie und kontrolliert ihre Wolle. Tims Familie schert die Schafe, wenn ihre Wolle zu lang wird. Die Wolle wird dann zu warmer Kleidung für die Familie verarbeitet.

Tim hilft seiner Familie auch beim Anbau von Gemüse in ihrem Garten. Sie pflanzen Tomaten, Karotten, Salat und viele andere leckere Gemüsesorten an. Tim gießt die Pflanzen und jätet das Unkraut. Er liebt es, dem Gemüse beim Wachsen zuzusehen und zu wissen, dass er geholfen hat, es zu pflegen.

Wenn der Tag fast vorbei ist, hilft Tim seiner Familie, die Pferde zu versorgen. Sie bürsten das Fell der Pferde, füttern sie und sorgen dafür, dass sie frisches Wasser haben. Manchmal darf Tim mit den Pferden über den Hof reiten. Er fühlt sich frei und glücklich, wenn er reitet.

Am Ende des Tages setzen sich Tim und seine Familie gemeinsam zum Abendessen hin. Sie genießen das Essen, das sie angebaut haben, und die Liebe, die sie miteinander teilen. Tim ist stolz auf seine Arbeit auf dem Bauernhof und auf das Leben, das sie gemeinsam aufgebaut haben.

Das Leben auf einem Bauernhof lehrt Tim harte Arbeit, Verantwortung und die Schönheit der Natur. Er liebt sein Leben auf

for anything. Tim knows he is lucky to have such a wonderful home and family.

dem Bauernhof und würde es gegen nichts eintauschen wollen. Tim weiß, dass er sich glücklich schätzen kann, ein so wunderbares Zuhause und eine Familie zu haben.

Quiz

Question 1: What does Tim collect first thing in the morning from the chickens?

A. Feathers
B. Fresh eggs
C. Grains

Question 2: What activity does Tim sometimes do with the horses on the farm?

A. He gives them a bath
B. He rides them
C. He trains them for races

Frage 1: Was sammelt Tim jeden Morgen als Erstes von den Hühnern?

A. Federn
B. Frische Eier
C. Körner

Frage 2: Welche Tätigkeit unternimmt Tim manchmal mit den Pferden auf dem Bauernhof?

A. Er gibt ihnen ein Bad
B. Er reitet sie
C. Er trainiert sie für Rennen

Vokabeln

1	peaceful	friedlich
2	boots	Stiefel
3	chicken coop	Hühnerstall
4	basket	Korb
5	barn	Scheune
6	trough	Trog
7	to pet	streicheln
8	moo	muhen
9	sheep	Schafe
10	wool	Wolle
11	shear	scheren
12	garden	Garten
13	tomatoes	Tomaten
14	lettuce	Kopfsalat
15	weeds	Unkraut
16	horses	Pferde
17	coat	Mantel, Fell
18	ride	reiten
19	responsibility	Verantwortung
20	wonderful	wunderbar

13. Emma gets a bad grade
Emma bekommt eine schlechte Note

There is a girl named Emma. Emma goes to school and tries her best in all her classes. She enjoys learning new things and playing with her friends. One day, Emma gets a test back from her teacher. She looks at her grade and feels sad. It is not as good as she hoped.

Es gibt ein Mädchen namens Emma. Emma geht zur Schule und gibt in allen Klassen ihr Bestes. Es macht ihr Spaß, neue Dinge zu lernen und mit ihren Freunden zu spielen. Eines Tages bekommt Emma einen Test von ihrem Lehrer zurück. Sie sieht sich ihre Note an und ist traurig. Sie ist nicht so gut, wie sie gehofft hatte.

Emma goes home and shows her mom the test. She is worried that her mom will be upset. But her mom gives her a hug and tells her it is okay. She says everyone has a bad day sometimes, and the important thing is to be happy and learn from it.

Emma geht nach Hause und zeigt ihrer Mutter den Test. Sie macht sich Sorgen, dass ihre Mutter verärgert sein wird. Aber ihre Mutter umarmt sie und sagt ihr, dass es in Ordnung ist. Sie sagt, jeder hat mal einen schlechten Tag, und das Wichtigste ist, dass man sich freut und daraus lernt.

Emma's mom reminds her that grades are not the only thing that matters. Being kind, helping others, and having fun are just as important. Emma starts to

Emmas Mutter erinnert sie daran, dass Noten nicht das Einzige sind, was zählt. Freundlich zu sein, anderen zu helfen und Spaß zu haben, ist genauso wichtig. Emma

understand that there is more to life than getting perfect grades.

Together, Emma and her mom come up with a plan to help Emma feel better and learn from her test. They decide that Emma will spend some time each day working on the things she finds hard. They also plan for Emma to ask her teacher for help when she needs it.

But Emma's mom also encourages her to focus on the things that make her happy. They spend time together doing fun activities, like painting, riding bikes, and baking cookies. Emma feels happier and more relaxed.

As Emma works on her studies and spends time doing the things she loves, she starts to feel better about her grade. She realizes that her happiness and well-being are more important than getting perfect scores on every test.

Emma learns that dealing with a bad grade is not the end of the world. She knows that it is important to learn from her mistakes, but also to focus on what

beginnt zu verstehen, dass es mehr im Leben gibt als perfekte Noten.

Gemeinsam schmieden Emma und ihre Mutter einen Plan, der Emma helfen soll, sich besser zu fühlen und aus ihrem Test zu lernen. Sie beschließen, dass Emma jeden Tag einige Zeit damit verbringen wird, an den Dingen zu arbeiten, die ihr schwer fallen. Außerdem planen sie, dass Emma ihren Lehrer um Hilfe bittet, wenn sie sie braucht.

Aber Emmas Mutter ermutigt sie auch, sich auf die Dinge zu konzentrieren, die sie glücklich machen. Sie verbringen gemeinsam Zeit mit lustigen Aktivitäten wie Malen, Fahrradfahren und Kekse backen. Emma fühlt sich glücklicher und entspannter.

Während Emma an ihren Studien arbeitet und Zeit mit Dingen verbringt, die sie liebt, beginnt sie, sich mit ihren Noten besser zu fühlen. Sie erkennt, dass ihr Glück und ihr Wohlbefinden wichtiger sind als perfekte Ergebnisse in jedem Test.

Emma lernt, dass der Umgang mit einer schlechten Note nicht das Ende der Welt bedeutet. Sie weiß, dass es wichtig ist, aus ihren Fehlern zu lernen, aber auch, sich

makes her happy.

auf das zu konzentrieren, was sie glücklich macht.

Quiz

Question 1: What does Emma's mom do to cheer her up after Emma gets a bad grade?

A. She gets angry at her
B. She gives her a cake
C. She hugs her and says it's okay

Question 2: What activities do Emma and her mom do together to make Emma happier?

A. Painting, riding bikes, and baking cookies
B. Playing video games and watching movies
C. Shopping and going to the movies

Frage 1: Was macht Emmas Mutter, um sie aufzumuntern, nachdem Emma eine schlechte Note bekommen hat?

A. Sie wird wütend auf sie
B. Sie gibt ihr einen Kuchen
C. Sie umarmt sie und sagt, dass es in Ordnung ist

Frage 2: Welche Aktivitäten machen Emma und ihre Mutter gemeinsam, um Emma glücklicher zu machen?

A. Malen, Fahrradfahren und Kekse backen
B. Videospiele spielen und Filme schauen
C. Einkaufen und ins Kino gehen

Vokabeln		
1	grade	Note
2	sad	traurig
3	worried	besorgt
4	upset	verärgert
5	hug	Umarmung
6	important	wichtig
7	kind	nett, freundlich
8	matters	zählt, ist wichtig
9	plan	Plan
10	hard	schwer
11	to help	helfen
12	to encourage	ermutigen
13	to focus on	sich konzentrieren auf
14	to paint	malen
15	to ride a bike	Fahrrad fahren
16	to bake cookies	Kekse backen
17	happiness	Glück, Zufriedenheit
18	well-being	Wohlbefinden
19	score	Punktzahl
20	mistake	Fehler

14. Sam and his weekdays
Sam und seine Wochentage

There is a boy. His name is Sam. Sam goes to school every weekday and has different activities each day. He enjoys learning and playing with his friends. Let's see what Sam does on each day of the week.

Es gibt einen Jungen. Sein Name ist Sam. Sam geht jeden Wochentag zur Schule und hat jeden Tag andere Aktivitäten. Es macht ihm Spaß, zu lernen und mit seinen Freunden zu spielen. Schauen wir mal, was Sam an jedem Wochentag macht.

On Monday, Sam goes to school and learns math, reading, and science. After school, he has soccer practice with his friends. They run, pass the ball, and practice scoring goals. Sam always feels happy on Mondays.

Am Montag geht Sam in die Schule und lernt Mathe, Lesen und Naturwissenschaften. Nach der Schule hat er Fußballtraining mit seinen Freunden. Sie rennen, passen den Ball und üben, Tore zu schießen. Sam fühlt sich montags immer glücklich.

On Tuesday, Sam goes to school and learns history, writing, and art. After school, he goes to piano lessons. Sam loves playing the piano and learning new songs. His favourite part is when he plays a song perfectly for his teacher.

Am Dienstag geht Sam zur Schule und lernt Geschichte, Schreiben und Kunst. Nach der Schule geht er zum Klavierunterricht. Sam liebt es, Klavier zu spielen und neue Lieder zu lernen. Am besten gefällt es ihm, wenn er ein Lied für seinen Lehrer perfekt spielt.

On Wednesday, Sam goes to school and learns geography, spelling, and physical education. After school, he has swimming lessons. Sam enjoys swimming and racing his friends in the pool. He likes to practice his different swimming strokes, like the butterfly and the breaststroke.

Am Mittwoch geht Sam zur Schule und lernt Geografie, Rechtschreibung und Sport. Nach der Schule hat er Schwimmunterricht. Sam hat Spaß am Schwimmen und daran, mit seinen Freunden um die Wette zu schwimmen. Er übt gerne seine verschiedenen Schwimmzüge, wie Schmetterling und Brustschwimmen.

On Thursday, Sam goes to school and learns about nature, reading, and computer skills. After school, he goes to his grandparents' house. Sam and his grandparents spend time together, baking cookies, playing board games, and listening to stories about the past. Sam loves his time with his grandparents.

Am Donnerstag geht Sam in die Schule und lernt etwas über die Natur, Lesen und Computerkenntnisse. Nach der Schule geht er zum Haus seiner Großeltern. Sam und seine Großeltern verbringen viel Zeit miteinander, backen Kekse, spielen Brettspiele und hören sich Geschichten aus der Vergangenheit an. Sam liebt die Zeit mit seinen Großeltern.

On Friday, Sam goes to school and learns about health, writing, and music. After school, he plays with his friends at the park. They climb on the playground, slide down the slides, and play games like tag and hide-and-seek. Sam loves having fun with his friends after a week of learning.

Am Freitag geht Sam zur Schule und lernt etwas über Gesundheit, Schreiben und Musik. Nach der Schule spielt er mit seinen Freunden im Park. Sie klettern auf dem Spielplatz, rutschen die Rutschen hinunter und spielen Spiele wie Fangen und Verstecken. Sam liebt es, nach einer Woche des Lernens Spaß mit seinen Freunden zu haben.

On Saturday, Sam has a day off from school. He spends the day with his family, doing fun activities like going to the movies, visiting the zoo, or having a picnic in the park.

Am Samstag hat Sam einen schulfreien Tag. Er verbringt den Tag mit seiner Familie und unternimmt lustige Aktivitäten wie Kinobesuche, Zoobesuche oder ein Picknick im Park.

On Sunday, Sam relaxes at home with his family. They have a lazy morning, eat pancakes for breakfast, and watch movies together. Sam feels happy and ready for a new week of learning and fun.

Am Sonntag entspannt sich Sam zu Hause mit seiner Familie. Sie verbringen einen ruhigen Morgen, essen Pfannkuchen zum Frühstück und sehen sich gemeinsam Filme an. Sam fühlt sich glücklich und bereit für eine neue Woche voller Lernen und Spaß.

Quiz

Question 1: On which day of the week does Sam visit his grandparents after school?

A. Tuesday
B. Wednesday
C. Thursday

Question 2: What activities does Sam do with his family on Saturday?

A. Going to the movies, visiting the zoo, or having a picnic in the park
B. Doing homework and watching TV
C. Working in the garden and riding bikes

Frage 1: An welchem Wochentag besucht Sam seine Großeltern nach der Schule?

A. Dienstag
B. Mittwoch
C. Donnerstag

Frage 2: Welche Aktivitäten unternimmt Sam mit seiner Familie am Samstag?

A. Ins Kino gehen, den Zoo besuchen oder ein Picknick im Park machen
B. Hausaufgaben erledigen und fernsehen
C. Im Garten arbeiten und Fahrrad fahren

Vokabeln

1	Monday	Montag
2	Tuesday	Dienstag
3	Wednesday	Mittwoch
4	Thursday	Donnerstag
5	Friday	Freitag
6	Saturday	Samstag
7	Sunday	Sonntag
8	history	Geschichte
9	piano	Klavier
10	geography	Geographie
11	to swim	schwimmen
12	nature	Natur
13	grandparents	Großeltern
14	health	Gesundheit
15	playground	Spielplatz
16	to slide	rutschen
17	picnic	Picknick
18	pancakes	Pfannkuchen

15. Mia flies on an airplane
Mia fliegt mit einem Flugzeug

Mia is excited because she and her family are going on a trip. They will fly on an airplane to visit her grandparents in another city. Mia has never flown on an airplane before, and she is both nervous and thrilled.

Mia ist aufgeregt, weil sie und ihre Familie eine Reise machen werden. Sie werden mit einem Flugzeug fliegen, um ihre Großeltern in einer anderen Stadt zu besuchen. Mia ist noch nie zuvor mit einem Flugzeug geflogen und ist sowohl nervös als auch aufgeregt.

On the day of the trip, Mia and her family pack their bags and go to the airport. The airport is big and busy, with lots of people coming and going. Mia sees other families, business people, and travellers with their suitcases.

Am Tag der Reise packen Mia und ihre Familie ihre Koffer und fahren zum Flughafen. Der Flughafen ist groß und geschäftig, viele Menschen kommen und gehen. Mia sieht andere Familien, Geschäftsleute und Reisende mit ihren Koffern.

When it is time to board the plane, Mia holds her mom‘s hand and walks onto the airplane. They find their seats, and Mia sits by the window. She buckles her seatbelt and looks out the window at the planes on the runway.

Als es Zeit ist, das Flugzeug zu besteigen, hält Mia die Hand ihrer Mutter und geht zum Flugzeug. Sie finden ihre Plätze, und Mia setzt sich ans Fenster. Sie schnallt sich an und schaut aus dem Fenster auf die Flugzeuge auf der Landebahn.

The flight attendant makes an announcement and shows the passengers how to stay safe on the airplane. Mia listens carefully and feels more comfortable knowing what to do.

Soon, the airplane starts to move. Mia feels her heart race as the plane picks up speed. She grips her mom's hand tightly. As the airplane lifts off the ground, Mia's stomach does a little flip. She watches as the city below gets smaller and smaller.

Once they are high in the sky, Mia sees fluffy clouds outside her window. She imagines what it would be like to jump on them like a trampoline. The flight attendant comes by with drinks and snacks, and Mia enjoys a little treat while she flies.

Mia's mom tells her stories and plays games with her to pass the time. Soon, the airplane starts to descend. Mia watches as the city below gets bigger and bigger. The plane lands smoothly, and Mia feels proud of herself for being brave on her first flight.

Die Flugbegleiterin macht eine Durchsage und zeigt den Passagieren, wie sie sich im Flugzeug sicher verhalten sollen. Mia hört aufmerksam zu und fühlt sich wohler, wenn sie weiß, was zu tun ist.

Bald darauf setzt sich das Flugzeug in Bewegung. Mia spürt, wie ihr Herz rast, als das Flugzeug an Geschwindigkeit gewinnt. Sie hält die Hand ihrer Mutter fest umklammert. Als das Flugzeug vom Boden abhebt, dreht sich Mias Magen ein wenig. Sie sieht, wie die Stadt unter ihr kleiner und kleiner wird.

Sobald sie hoch am Himmel sind, sieht Mia flauschige Wolken vor ihrem Fenster. Sie stellt sich vor, wie es wäre, auf ihnen wie auf einem Trampolin zu springen. Die Flugbegleiterin kommt mit Getränken und Snacks vorbei, und Mia genießt eine kleine Leckerei, während sie fliegt.

Mias Mutter erzählt ihr Geschichten und spielt mit ihr Spiele, um ihr die Zeit zu vertreiben. Bald darauf beginnt das Flugzeug zu sinken. Mia beobachtet, wie die Stadt unter ihr größer und größer wird. Das Flugzeug landet sanft, und Mia ist stolz auf sich, weil sie bei ihrem ersten Flug so mutig war.

Mia learns that trying new things can be both scary and exciting. She is happy she got to experience flying on an airplane and looks forward to more adventures in the future.

Mia lernt, dass es sowohl beängstigend als auch aufregend sein kann, neue Dinge auszuprobieren. Sie ist froh, dass sie die Erfahrung gemacht hat, in einem Flugzeug zu fliegen, und freut sich auf weitere Abenteuer in der Zukunft.

Quiz

Question 1: What does Mia look at through the window during the flight?

A. The city getting smaller, and later clouds
B. Rainbows and birds
C. Mountains and rivers

Question 2: How does Mia pass the time during the flight?

A. She sleeps and dreams
B. Her mom tells her stories and plays games with her
C. She reads a book and draws

Frage 1: Was sieht Mia sich während des Fluges durch das Fenster an?

A. Die Stadt, die kleiner wird, und später Wolken
B. Regenbögen und Vögel
C. Berge und Flüsse

Frage 2: Wie vertreibt sich Mia die Zeit während des Fluges?

A. Sie schläft und träumt
B. Ihre Mutter erzählt ihr Geschichten und spielt Spiele mit ihr
C. Sie liest ein Buch und zeichnet

Vokabeln

1	airplane	Flugzeug
2	thrilled	begeistert
3	airport	Flughafen
4	suitcases	Koffer
5	window	Fenster
6	excited	aufgeregt
7	seatbelt	Sicherheitsgurt
8	flight attendant	Flugbegleiter/in
9	announcement	Durchsage
10	runway	Start- und Landebahn
11	heart	Herz
12	clouds	Wolken
13	trampoline	Trampolin
14	snacks	Snacks
15	story	Geschichte
16	to descend	absteigen
17	brave	tapfer
18	travellers	Reisende
19	adventure	Abenteuer

16. Max is angry

Max ist wütend

Max is a happy and friendly boy, but sometimes he feels angry. He doesn't like it when he gets angry, and he wants to learn how to control it.

Max ist ein fröhlicher und freundlicher Junge, aber manchmal ist er wütend. Er mag es nicht, wenn er wütend wird, und er möchte lernen, seine Wut zu kontrollieren.

One day, Max plays with his friends at the park. They take turns playing on the swing. Max waits patiently for his turn, but when it's finally his turn, another kid jumps on the swing before Max can. Max feels the anger building up inside him.

Eines Tages spielt Max mit seinen Freunden im Park. Sie wechseln sich beim Spielen auf der Schaukel ab. Max wartet geduldig, bis er an der Reihe ist, aber als er endlich an der Reihe ist, springt ein anderes Kind vor Max auf die Schaukel. Max spürt, wie die Wut in ihm aufsteigt.

Max remembers his mom telling him about ways to control his anger. She said the first step is to take a deep breath and count to ten. Max does this, and he feels a little better. But he is still angry.

Max erinnert sich, dass seine Mutter ihm erzählt hat, wie er seine Wut kontrollieren kann. Sie sagte, der erste Schritt sei, tief einzuatmen und bis zehn zu zählen. Max tut dies, und er fühlt sich etwas besser. Aber er ist immer noch wütend.

Max walks away from the swing and finds a quiet spot to sit down. His mom told him that sometimes, it helps to talk about why he is angry. Max thinks about how it was not fair for the other kid to take his turn on the swing. He says to himself, „I am angry because it was my turn, and the other kid took it."

Max geht von der Schaukel weg und sucht sich ein ruhiges Plätzchen, um sich hinzusetzen. Seine Mutter hat ihm gesagt, dass es manchmal hilft, darüber zu reden, warum er wütend ist. Max denkt darüber nach, dass es nicht fair war, dass das andere Kind mit der Schaukel an der Reihe war. Er sagt zu sich selbst: „Ich bin wütend, weil ich an der Reihe war, und das andere Kind hat es sich genommen."

Max's mom also said that it can help to do something active to let out the angry energy. Max stands up and runs around the park. He pretends he is a race car, zooming through the playground. After a few minutes, Max feels less angry.

Max' Mutter sagte auch, dass es helfen kann, etwas Aktives zu tun, um die wütende Energie loszuwerden. Max steht auf und rennt durch den Park. Er tut so, als sei er ein Rennwagen, der über den Spielplatz saust. Nach ein paar Minuten fühlt sich Max weniger wütend.

Max decides to go back to the swings and talk to the kid who took his turn. He calmly explains that it was his turn, and he felt angry when the kid jumped on the swing. The kid apologizes and offers Max the next turn.

Max beschließt, zurück zur Schaukel zu gehen und mit dem Kind zu reden, das an der Reihe war. Ruhig erklärt er, dass er an der Reihe war und sich geärgert hat, als das Kind auf die Schaukel sprang. Der Junge entschuldigt sich und bietet Max an, als Nächster an der Reihe zu sein.

Max learns that it is okay to feel angry sometimes, but it is important to control his anger and

Max lernt, dass es in Ordnung ist, manchmal wütend zu sein, dass es aber wichtig ist, seine Wut zu

find healthy ways to express it. He knows that taking deep breaths, talking about his feelings, and doing something active can help him feel better. Max is proud of himself for learning how to control his anger.

kontrollieren und gesunde Wege zu finden, sie auszudrücken. Er weiß, dass es ihm helfen kann, tief durchzuatmen, über seine Gefühle zu sprechen und etwas zu tun, was ihm hilft, sich besser zu fühlen. Max ist stolz auf sich, weil er gelernt hat, seine Wut zu kontrollieren.

Quiz

Question 1: What is the first step Max takes to control his anger when the other boy jumps on the swing?

A. He yells at the boy
B. He takes a deep breath and counts to ten
C. He immediately runs away

Question 2: What activity does Max do to release his angry energy?

A. He does push-ups
B. He runs around the park and pretends to be a race car
C. He kicks a rock

Frage 1: Was ist der erste Schritt, den Max ausführt, um seine Wut zu kontrollieren, als der andere Junge auf die Schaukel springt?

A. Er schreit den Jungen an
B. Er nimmt einen tiefen Atemzug und zählt bis zehn
C. Er rennt sofort weg

Frage 2: Welche Aktivität unternimmt Max, um seine wütende Energie loszuwerden?

A. Er macht Liegestütze
B. Er rennt im Park herum und stellt sich vor, er sei ein Rennauto
C. Er kickt einen Stein

Vokabeln

1	anger	Wut
2	to control	kontrollieren
3	deep breath	tiefer Atemzug
4	communication	Kommunikation
5	playground	Spielplatz
6	energy	Energie
7	push-ups	Liegestütze
8	patiently	geduldig
9	healthy	gesund
10	be proud of yourself	auf sich stolz sein
11	immediately	sofort
12	to express	zum Ausdruck bringen
13	rock	Stein
14	activity	Aktivität
15	to take turns	sich abzuwechseln

17. Lily is friendly
Lily ist freundlich

Lily is a kind and cheerful girl who loves making new friends. She knows that being friendly to others and being a good friend are important.

Lily ist ein freundliches und fröhliches Mädchen, das gerne neue Freunde findet. Sie weiß, dass es wichtig ist, freundlich zu anderen zu sein und eine gute Freundin zu sein.

One day, Lily goes to the park with her mom. She sees a new girl sitting alone on a bench. The girl looks a little sad and shy. Lily wants to help her feel better and make a new friend.

Eines Tages geht Lily mit ihrer Mutter in den Park. Sie sieht ein neues Mädchen, das allein auf einer Bank sitzt. Das Mädchen sieht ein wenig traurig und schüchtern aus. Lily möchte ihr helfen, sich besser zu fühlen und eine neue Freundin zu finden.

Lily goes up to the girl and smiles. She introduces herself and asks the girl her name. The girl tells her that her name is Sara and she just moved to the town. Lily invites Sara to play on the playground with her.

Lily geht auf das Mädchen zu und lächelt. Sie stellt sich vor und fragt das Mädchen nach ihrem Namen. Das Mädchen erzählt ihr, dass sie Sara heißt und gerade in die Stadt gezogen ist. Lily lädt Sara ein, mit ihr auf dem Spielplatz zu spielen.

As they play together, Lily and Sara start to become friends. They

Als sie zusammen spielen, beginnen Lily und Sara, sich

talk and laugh, and Lily shows Sara all the fun things to do at the park. Sara begins to feel happier and more comfortable.

anzufreunden. Sie reden und lachen, und Lily zeigt Sara all die lustigen Dinge, die man im Park tun kann. Sara beginnt, sich glücklicher und wohler zu fühlen.

Lily knows that being a good friend means listening and being there for others. She asks Sara how she feels about moving to a new town. Sara shares her worries about making friends and fitting in. Lily tells Sara that she is here for her and they will face the challenges together.

Lily weiß, dass eine gute Freundin zu sein bedeutet, zuzuhören und für andere da zu sein. Sie fragt Sara, wie sie sich fühlt, wenn sie in eine neue Stadt zieht. Sara erzählt, dass sie sich Sorgen macht, Freunde zu finden und sich anzupassen. Lily sagt Sara, dass sie für sie da ist und dass sie die Herausforderungen gemeinsam bewältigen werden.

Over the next few weeks, Lily and Sara spend more time together. Lily introduces Sara to her other friends, and they all have fun playing games and going on adventures. Sara starts to feel like she belongs and is grateful for Lily's friendship.

In den nächsten Wochen verbringen Lily und Sara mehr Zeit miteinander. Lily macht Sara mit ihren anderen Freunden bekannt, und sie alle haben Spaß bei Spielen und Abenteuern. Sara beginnt sich zugehörig zu fühlen und ist dankbar für Lilys Freundschaft.

Lily learns that being friendly to others and being a good friend can make a big difference in someone's life. She is proud of herself for helping Sara feel welcome and for being a good friend. Lily knows that friendship is a precious gift, and she will always be there for her friends.

Lily lernt, dass es im Leben eines Menschen einen großen Unterschied machen kann, freundlich zu anderen zu sein und eine gute Freundin zu sein. Sie ist stolz auf sich, weil sie Sara geholfen hat, sich willkommen zu fühlen, und weil sie eine gute Freundin ist. Lily weiß, dass Freundschaft ein kostbares Geschenk ist, und sie wird immer für ihre Freunde da sein.

Quiz

Question 1: What does Lily do when she first sees Sara at the park?

A. She ignores her
B. She goes to Sara, introduces herself, and invites her to play on the playground
C. She tells her mom about Sara

Question 2: What is one of the things Lily does to be a good friend to Sara?

A. She listens to Sara and is there for her
B. She lets Sara figure things out on her own
C. She only plays with Sara when no one else is around

Frage 1: Was tut Lily, als sie Sara zum ersten Mal im Park sieht?

A. Sie ignoriert sie
B. Sie geht zu Sara, stellt sich vor und lädt sie ein, auf dem Spielplatz zu spielen
C. Sie erzählt ihrer Mutter von Sara

Frage 2: Was ist eines der Dinge, die Lily tut, um eine gute Freundin für Sara zu sein?

A. Sie hört Sara zu und ist für sie da
B. Sie lässt Sara alleine zurechtkommen
C. Sie spielt nur mit Sara, wenn niemand anderes da ist

Vokabeln

1	happy	glücklich
2	friendly	freundlich
3	angry	wütend
4	to control	kontrollieren
5	friends	Freunde
6	park	Park
7	to take turns	abwechseln
8	swing	Schaukel
9	patiently	geduldig
10	to remember	erinnern
11	deep breath	tiefer Atemzug
12	to count	zählen
13	quiet	ruhig
14	spot	Platz
15	fair	gerecht
16	to pretend	vorgeben
17	race car	Rennwagen
18	playground	Spielplatz

18. Jake's birthday

Jake's Geburtstag

There is a boy named Jake. He is excited because his birthday is coming up, and he wants to throw a birthday party. He dreams of having a fun day with his friends and family, filled with games, laughter, and cake.

Es gibt einen Jungen namens Jake. Er ist aufgeregt, weil sein Geburtstag bevorsteht und er eine Geburtstagsparty veranstalten möchte. Er träumt davon, einen lustigen Tag mit seinen Freunden und seiner Familie zu verbringen, mit Spielen, Lachen und Kuchen.

Jake and his mom start planning the party together. They make a list of all the things they need, like invitations, decorations, and party favours. They also think about what kind of games and activities they want to have at the party.

Jake und seine Mutter beginnen, die Party gemeinsam zu planen. Sie machen eine Liste mit allen Dingen, die sie brauchen, wie Einladungen, Dekoration und Partygeschenke. Sie überlegen auch, welche Art von Spielen und Aktivitäten sie auf der Party veranstalten wollen.

Jake's mom helps him write the invitations, and Jake draws colourful pictures on each one. They invite all of Jake's friends from school and the neighbourhood. Jake feels happy as he hands out the invitations and

Jakes Mutter hilft ihm, die Einladungen zu schreiben, und Jake malt bunte Bilder auf jede Einladung. Sie laden alle Freunde von Jake aus der Schule und der Nachbarschaft ein. Jake ist glücklich, als er die Einladungen

sees the excitement on his friends‘ faces.

verteilt und die Begeisterung in den Gesichtern seiner Freunde sieht.

On the day of the party, Jake and his mom decorate the backyard with balloons and streamers. They set up a table with snacks, drinks, and a big, delicious cake. Jake‘s mom also prepares some fun games, like a sack race, musical chairs, and a treasure hunt.

Am Tag der Party schmücken Jake und seine Mutter den Hinterhof mit Luftballons und Luftschlangen. Sie stellen einen Tisch mit Snacks, Getränken und einem großen, leckeren Kuchen auf. Jakes Mutter bereitet auch einige lustige Spiele vor, wie ein Sackhüpfen, musikalische Stühle und eine Schatzsuche.

As Jake‘s friends arrive, the party begins. Everyone has a great time playing the games and laughing together. The sack race is especially fun, with everyone hopping and falling, trying to reach the finish line. Jake loves seeing his friends enjoying themselves.

Als Jakes Freunde eintreffen, beginnt die Party. Alle haben viel Spaß bei den Spielen und lachen zusammen. Besonders lustig ist das Sackhüpfen, bei dem alle hüpfen und fallen und versuchen, die Ziellinie zu erreichen. Jake liebt es, wenn seine Freunde sich amüsieren.

When it‘s time for the treasure hunt, Jake‘s mom hides little treats and toys around the yard. The kids search high and low, finding treasures and sharing their findings with each other. It‘s a big hit, and everyone is excited to see what they can find.

Wenn es Zeit für die Schatzsuche ist, versteckt Jakes Mutter kleine Leckereien und Spielzeuge im ganzen Garten. Die Kinder suchen überall, finden Schätze und teilen ihre Funde mit den anderen. Das ist ein großer Hit, und alle sind gespannt, was sie finden können.

Finally, it‘s time to sing „Happy Birthday“ and eat the cake. Jake‘s friends gather around him, singing

Schließlich ist es an der Zeit, „Happy Birthday“ zu singen und den Kuchen zu essen. Jakes

loudly and clapping. Jake makes a wish and blows out the candles on his cake. Everyone enjoys a slice, and the smiles on their faces make Jake feel very special.

Freunde versammeln sich um ihn, singen laut und klatschen. Jake wünscht sich etwas und pustet die Kerzen auf seinem Kuchen aus. Alle genießen ein Stück, und das Lächeln auf ihren Gesichtern gibt Jake das Gefühl, etwas ganz Besonderes zu sein.

Jake learns that throwing a birthday party can be a lot of work, but it is also a lot of fun. He is grateful for his mom's help and for the chance to celebrate with his friends and family.

Jake lernt, dass eine Geburtstagsparty eine Menge Arbeit sein kann, aber auch viel Spaß macht. Er ist dankbar für die Hilfe seiner Mutter und für die Möglichkeit, mit seinen Freunden und seiner Familie zu feiern.

Quiz

Question 1: Why is Jake excited?

A. Because he is going on vacation
B. Because his birthday is coming up and he is planning a party
C. Because he is getting a new toy

Question 2: Which game is particularly fun and entertaining at the party?

A. Treasure hunt
B. Sack race
C. Hide and seek

Frage 1: Warum ist Jake aufgeregt?

A. Weil er in den Urlaub fährt
B. Weil sein Geburtstag bevorsteht und er eine Party plant
C. Weil er ein neues Spielzeug bekommt

Frage 2: Welches Spiel ist bei der Party besonders lustig und unterhaltsam?

A. Schatzsuche
B. Sackhüpfen
C. Verstecken

Vokabeln

1	birthday	Geburtstag
2	party	Party, Feier
3	to dream	träumen
4	laughter	Gelächter
5	to laugh	lachen
6	cake	Kuchen
7	to plan	planen
8	invitations	Einladungen
9	decorations	Dekorationen
10	favours	Gefälligkeiten
11	balloons	Ballons
12	streamers	Luftschlangen
13	drinks	Getränke
14	candles	Kerzen
15	wish	Wunsch
16	grateful	dankbar
17	to celebrate	feiern
18	hide and seek	Versteckspiel

19. Timmy goes camping
Timmy geht zelten

Timmy is adventurous and loves being outdoors. He hears about camping from his friends and dreams of sleeping in a tent under the stars. Timmy asks his parents if they can go camping, and they agree.

Timmy ist abenteuerlustig und liebt es, im Freien zu sein. Er hört von seinen Freunden vom Zelten und träumt davon, in einem Zelt unter den Sternen zu schlafen. Timmy fragt seine Eltern, ob sie zelten gehen dürfen, und sie stimmen zu.

Timmy and his family start preparing for their camping trip. They pack their bags with sleeping bags, a tent, and some warm clothes. They also pack food, a flashlight, and a camping stove for cooking.

Timmy und seine Familie beginnen mit den Vorbereitungen für ihren Campingausflug. Sie packen ihre Taschen mit Schlafsäcken, einem Zelt und warmer Kleidung. Außerdem packen sie Lebensmittel, eine Taschenlampe und einen Campingkocher zum Kochen ein.

On the day of the camping trip, Timmy and his family drive to a beautiful forest nearby. They find a perfect spot near a lake to set up their campsite. Timmy helps his parents put up the tent, and they spread out the sleeping bags inside.

Am Tag des Campingausflugs fahren Timmy und seine Familie zu einem schönen Wald in der Nähe. Sie finden einen perfekten Platz in der Nähe eines Sees, um ihr Lager aufzuschlagen. Timmy hilft seinen Eltern, das Zelt

After the tent is ready, Timmy and his family explore the forest. They go on a nature hike, admiring the tall trees and listening to the birds singing. Timmy loves the fresh air and the feeling of being in the great outdoors.

As the sun starts to set, they gather around the campfire. Timmy's dad teaches him how to roast marshmallows. They eat their sweet treats while telling stories and laughing together.

When it is time for bed, Timmy and his family go into the tent. Timmy snuggles into his sleeping bag, feeling cosy and safe. He listens to the sounds of the forest at night, like the rustling of leaves and the hooting of owls. It is a new experience for him, and he is excited to sleep under the stars.

In the morning, Timmy wakes up to the sound of birds singing. He steps out of the tent and sees the

aufzubauen, und sie breiten die Schlafsäcke darin aus.

Nachdem das Zelt fertig ist, erkunden Timmy und seine Familie den Wald. Sie machen eine Wanderung durch die Natur, bewundern die hohen Bäume und lauschen dem Gesang der Vögel. Timmy liebt die frische Luft und das Gefühl, in der freien Natur zu sein.

Als die Sonne unterzugehen beginnt, versammeln sie sich um das Lagerfeuer. Timmys Vater zeigt ihm, wie man Marshmallows für Marshmallows röstet. Sie essen ihre süßen Leckereien, erzählen sich Geschichten und lachen zusammen.

Als es Zeit fürs Bett ist, gehen Timmy und seine Familie ins Zelt. Timmy kuschelt sich in seinen Schlafsack und fühlt sich behaglich und sicher. Er lauscht den Geräuschen des nächtlichen Waldes, wie dem Rascheln der Blätter und dem Heulen der Eulen. Das ist eine neue Erfahrung für ihn, und er freut sich darauf, unter den Sternen zu schlafen.

Am Morgen wacht Timmy durch den Gesang der Vögel auf. Er tritt aus dem Zelt und sieht die Sonne

sun rising over the lake. The forest is peaceful and beautiful, and Timmy feels happy and refreshed.

über dem See aufgehen. Der Wald ist friedlich und schön, und Timmy fühlt sich glücklich und erfrischt.

Timmy learns that camping can be a fun and exciting adventure. He loves sleeping in a tent and exploring nature with his family. Timmy knows that camping is a special way to connect with the world around him and make lasting memories.

Timmy lernt, dass Zelten ein lustiges und aufregendes Abenteuer sein kann. Er liebt es, in einem Zelt zu schlafen und mit seiner Familie die Natur zu erkunden. Timmy weiß, dass Zelten eine besondere Art ist, sich mit der Welt um ihn herum zu verbinden und bleibende Erinnerungen zu schaffen.

Quiz

Question 1: What does Timmy want to try?

A. Skiing
B. Camping
C. Climbing

Question 2: What do Timmy and his family do in the evening around the campfire?

A. They grill sausages
B. They roast marshmallows
C. They make popcorn

Frage 1: Was möchte Timmy ausprobieren?

A. Skifahren
B. Camping
C. Klettern

Frage 2: Was macht Timmy und seine Familie am Abend um das Lagerfeuer?

A. Sie grillen Würstchen
B. Sie rösten Marshmallows
C. Sie machen Popcorn

Vokabeln

1	adventurous	abenteuerlustig
2	outdoors	draußen
3	to camp	campen, zelten
4	tent	Zelt
5	stars	Sterne
6	to prepare	vorbereiten
7	sleeping bag	Schlafsack
8	flashlight	Taschenlampe
9	camping stove	Campingkocher
10	forest	Wald
11	lake	See
12	campsite	Campingplatz
13	nature hike	Naturwanderung
14	sun	Sonne
15	campfire	Lagerfeuer
16	to roast marshmallows	Marshmallows rösten
17	sunrise	Sonnenaufgang
18	memories	Erinnerungen

20. Mia loves to share

Mia liebt es zu teilen

In a bright and friendly town, there is a girl named Mia. Mia loves playing with her toys, especially her big collection of colourful building blocks. She enjoys creating tall towers, houses, and bridges with her blocks.

In einer hellen und freundlichen Stadt gibt es ein Mädchen namens Mia. Mia liebt es, mit ihrem Spielzeug zu spielen, vor allem mit ihrer großen Sammlung bunter Bauklötze. Es macht ihr Spaß, mit ihren Klötzen hohe Türme, Häuser und Brücken zu bauen.

One day, Mia's mom tells her that a new family has moved in next door. They have a little boy named Ben who is the same age as Mia. Mia is excited to meet Ben and make a new friend.

Eines Tages erzählt Mias Mutter ihr, dass nebenan eine neue Familie eingezogen ist. Sie haben einen kleinen Jungen namens Ben, der genauso alt ist wie Mia. Mia freut sich, Ben kennenzulernen und einen neuen Freund zu finden.

When Ben comes over to play, Mia shows him her room and her collection of building blocks. Ben is amazed at all the different colours and shapes. He asks Mia if he can play with the blocks too.

Als Ben zum Spielen vorbeikommt, zeigt Mia ihm ihr Zimmer und ihre Sammlung von Bauklötzen. Ben ist erstaunt über die vielen verschiedenen Farben und Formen. Er fragt Mia, ob er auch mit den Bauklötzen spielen darf.

At first, Mia feels unsure. She has never shared her building blocks with anyone before. But then she remembers what her mom told her about sharing and being a good friend.

Mia decides to share her building blocks with Ben. Together, they create an amazing castle with tall towers and a big gate. They have so much fun working together and using their imaginations.

As they play, Mia realizes that sharing her blocks with Ben makes the game even more enjoyable. They come up with new ideas and designs together, and their castle becomes more and more impressive.

After a while, Mia's mom brings them some cookies and juice. Mia and Ben sit down to enjoy their snack, and Mia offers Ben the biggest cookie. She feels proud of herself for sharing her toys and her snack with her new friend.

Mia learns that sharing with others can make playtime even more fun and special. She knows that being a good friend means being kind and generous. Mia is happy

Zuerst ist Mia unsicher. Sie hat ihre Bauklötze noch nie mit jemandem geteilt. Aber dann erinnert sie sich daran, was ihre Mutter ihr über das Teilen und gute Freundschaft erzählt hat.

Mia beschließt, ihre Bauklötze mit Ben zu teilen. Gemeinsam bauen sie eine tolle Burg mit hohen Türmen und einem großen Tor. Es macht ihnen so viel Spaß, zusammen zu arbeiten und ihre Fantasie zu benutzen.

Während sie spielen, merkt Mia, dass das Spiel noch mehr Spaß macht, wenn sie ihre Bausteine mit Ben teilen. Gemeinsam kommen sie auf neue Ideen und Entwürfe, und ihre Burg wird immer beeindruckender.

Nach einer Weile bringt Mias Mutter ihnen Kekse und Saft. Mia und Ben setzen sich hin und genießen ihren Snack, und Mia bietet Ben den größten Keks an. Sie ist stolz auf sich, weil sie ihre Spielsachen und ihren Snack mit ihrem neuen Freund geteilt hat.

Mia lernt, dass das Teilen mit anderen die Spielzeit noch lustiger und besonderer macht. Sie weiß, dass ein guter Freund zu sein bedeutet, freundlich

to share her things with Ben and looks forward to playing and sharing with him again.

und großzügig zu sein. Mia ist glücklich, ihre Sachen mit Ben zu teilen und freut sich darauf, wieder mit ihm zu spielen und zu teilen.

Quiz

Question 1: What is Mia's favourite toy?

A. Dolls
B. Building blocks
C. Toy cars

Question 2: How does Mia feel when she shares her building blocks with Ben?

A. Afraid
B. Sad
C. Proud

Frage 1: Was ist Mia's Lieblingsspielzeug?

A. Puppen
B. Bauklötze
C. Spielzeugautos

Frage 2: Wie fühlt sich Mia, als sie ihre Bauklötze mit Ben teilt?

A. Ängstlich
B. Traurig
C. Stolz

Vokabeln

1	to share	teilen
2	town	Stadt
3	toys	Spielzeuge
4	building blocks	Bauklötze
5	towers	Türme
6	houses	Häuser
7	bridges	Brücken
8	room	Zimmer
9	collection	Sammlung
10	colour	Farbe
11	shape	Form
12	castle	Schloss
13	gate	Tor
14	imaginations	Vorstellungen
15	juice	Saft
16	generous	großzügig
17	impressive	beeindruckend
18	doll	Puppe
19	proud	stolz

21. Emily is a babysitter
Emily ist eine Babysitterin

There was a girl named Emily. One day, Emily's mom asked her to babysit her little brother, Max. Emily agreed and was excited about her big task.

Es war einmal ein Mädchen namens Emily. Eines Tages bat Emilys Mutter sie, auf ihren kleinen Bruder Max aufzupassen. Emily willigte ein und freute sich auf ihre große Aufgabe.

Max was a fun and curious little boy. He loved to play with his toys and laugh. Emily's job was to watch Max, make sure he was safe and play with him.

Max war ein lustiger und neugieriger kleiner Junge. Er liebte es, mit seinen Spielsachen zu spielen und zu lachen. Emilys Aufgabe war es, auf Max aufzupassen, dafür zu sorgen, dass er sicher war, und mit ihm zu spielen.

First, Emily and Max played with colourful blocks. They built tall towers and then Max knocked them down with a big giggle. It was so much fun! Emily enjoyed seeing Max laugh and have a good time.

Zuerst spielten Emily und Max mit bunten Bauklötzen. Sie bauten hohe Türme, die Max dann mit großem Gekicher umwarf. Das hat so viel Spaß gemacht! Emily genoss es, Max lachen zu sehen und sich zu amüsieren.

Next, Emily read Max his favourite storybook. The story was about

Als Nächstes las Emily Max sein Lieblingsmärchenbuch vor.

a brave knight and a friendly dragon. Max listened carefully and clapped his hands when the story ended. Emily felt happy because Max liked her storytelling.

Die Geschichte handelte von einem tapferen Ritter und einem freundlichen Drachen. Max hörte aufmerksam zu und klatschte in die Hände, als die Geschichte zu Ende war. Emily war glücklich, weil Max ihre Geschichten mochte.

Then, it was time for lunch. Emily made peanut butter and jelly sandwiches for both of them. Max loved the sandwiches. He ate all of his lunch and even asked for more. Emily was proud that she made a lunch that Max enjoyed.

Dann war es Zeit für das Mittagessen. Emily machte Erdnussbutter-Gelee-Sandwiches für beide. Max liebte die Sandwiches. Er aß sein ganzes Mittagessen auf und verlangte sogar nach mehr. Emily war stolz darauf, dass sie ein Mittagessen gemacht hatte, das Max schmeckte.

After lunch, they played a little more. Then Emily knew it was time for Max's nap. She read him another story and Max fell asleep quickly. Emily watched him sleep and felt proud of taking care of him.

Nach dem Mittagessen spielten sie noch ein wenig. Dann wusste Emily, dass es Zeit für Max' Mittagsschlaf war. Sie las ihm noch eine Geschichte vor und Max schlief schnell ein. Emily sah ihm beim Schlafen zu und war stolz darauf, sich um ihn gekümmert zu haben.

When their mom came home, she was very pleased. Emily had done a good job taking care of Max. Emily felt proud and happy. She realized that she liked babysitting and looked forward to doing it again.

Als ihre Mutter nach Hause kam, war sie sehr zufrieden. Emily hatte sich gut um Max gekümmert. Emily fühlte sich stolz und glücklich. Sie merkte, dass sie gerne babysittete und freute sich darauf, es wieder zu tun.

Emily learned that being responsible could be fun and rewarding. She felt proud of herself for taking good care of Max and was excited to babysit him again soon.

Emily lernte, dass es Spaß machen und sich lohnen kann, Verantwortung zu übernehmen. Sie war stolz auf sich, weil sie sich gut um Max gekümmert hatte, und freute sich darauf, bald wieder auf ihn aufzupassen.

Quiz

Question 1: What did Emily make for lunch for her little brother Max?

A. Pizza
B. Peanut butter and jelly sandwiches
C. Chicken soup

Question 2: What kind of story did Emily read to Max?

A. A story about a brave knight and a friendly dragon
B. A story about a funny clown
C. A story about an adventurer in the jungle

Frage 1: Was hat Emily ihrem kleinen Bruder Max zum Mittagessen gemacht?

A. Pizza
B. Erdnussbutter- und Marmeladen-Sandwiches
C. Hühnersuppe

Frage 2: Welche Art von Geschichte hat Emily Max vorgelesen?

A. Eine Geschichte über einen mutigen Ritter und einen freundlichen Drachen
B. Eine Geschichte über einen lustigen Clown
C. Eine Geschichte über einen Abenteurer im Dschungel

Vokabeln

1	babysitter	Babysitter
2	little brother	kleiner Bruder
3	task	Aufgabe
4	curious	neugierig
5	blocks	Blöcke
6	towers	Türme
7	to giggle	kichern
8	knight	Ritter
9	dragon	Drache
10	lunch	Mittagessen
11	peanut butter	Erdnussbutter
12	jelly	Gelee/Marmelade
13	sandwiches	Sandwiches
14	nap	Nickerchen
15	responsible	verantwortlich
16	rewarding	lohnend
17	proud	stolz

22. Hans learns English

Hans lernt Englisch

In a big city in Germany, there lived a boy named Hans. Hans went to school and liked all subjects, but he had a problem with one subject - English. No matter how hard he tried, Hans always found English difficult.

In einer großen Stadt in Deutschland lebte ein Junge namens Hans. Hans ging zur Schule und mochte alle Fächer, aber er hatte ein Problem mit einem Fach - Englisch. Egal wie sehr er sich bemühte, Hans fand Englisch immer schwierig.

One day, Hans got a bad grade in English. He felt very sad. But Hans was a determined boy. He decided he wouldn't give up and would work hard to get better at English.

Eines Tages bekam Hans eine schlechte Note in Englisch. Er war sehr traurig. Aber Hans war ein entschlossener Junge. Er beschloss, nicht aufzugeben und hart zu arbeiten, um besser in Englisch zu werden.

First, Hans started reading English storybooks. They had simple words and fun pictures. Reading these books helped Hans learn new words and understand the language better. He read a little bit every day, and it became a fun activity.

Zuerst begann Hans, englische Geschichtenbücher zu lesen. Sie hatten einfache Wörter und lustige Bilder. Das Lesen dieser Bücher half Hans, neue Wörter zu lernen und die Sprache besser zu verstehen. Er las jeden Tag ein bisschen, und es wurde zu einer lustigen Beschäftigung.

Next, Hans practiced writing in English. He wrote short sentences about his day and made simple stories. His teacher helped him correct the mistakes, and soon, Hans started getting better at writing.

Als nächstes übte Hans das Schreiben auf Englisch. Er schrieb in kurzen Sätzen über seinen Tag und erfand einfache Geschichten. Seine Lehrerin half ihm, die Fehler zu korrigieren, und schon bald wurde Hans besser im Schreiben.

Hans also started watching cartoons in English. The cartoons were fun and helped him understand how to use the words he was learning. They spoke slowly and clearly, which was perfect for Hans.

Hans begann auch, Zeichentrickfilme auf Englisch zu sehen. Die Zeichentrickfilme machten Spaß und halfen ihm zu verstehen, wie er die Wörter, die er lernte, verwenden sollte. Sie sprachen langsam und deutlich, was für Hans perfekt war.

Slowly, Hans noticed that English was not as hard as he thought. He understood the words and sentences better. He was able to speak and write in English with fewer mistakes. He felt more confident.

Langsam merkte Hans, dass Englisch gar nicht so schwer war, wie er dachte. Er verstand die Wörter und Sätze besser. Er konnte mit weniger Fehlern auf Englisch sprechen und schreiben. Er fühlte sich sicherer.

Finally, it was time for the next English test. Hans was nervous, but he knew he had worked hard. He answered all the questions as best as he could. When he got his test back, he saw that he got a good grade! Hans was so happy.

Schließlich war es Zeit für den nächsten Englischtest. Hans war nervös, aber er wusste, dass er hart gearbeitet hatte. Er beantwortete alle Fragen so gut er konnte. Als er seinen Test zurückbekam, sah er, dass er eine gute Note bekommen hatte! Hans war so glücklich.

Hans learned that with hard work and practice, he could get better at anything, even English. He was

Hans hatte gelernt, dass er mit harter Arbeit und Übung in allem besser werden konnte, sogar in

proud of himself for not giving up and for getting a good grade. From then on, Hans continued to enjoy learning English and getting better at it.

Englisch. Er war stolz auf sich, weil er nicht aufgegeben und eine gute Note bekommen hatte. Von da an machte es Hans weiterhin Spaß, Englisch zu lernen und besser zu werden.

Quiz

Question 1: Which method did Hans not use to learn English?

A. Reading English storybooks
B. Watching English cartoons
C. Listening to English podcasts

Question 2: What did Hans achieve in the next English test after his efforts?

A. He got a bad grade
B. He got a good grade
C. He did not write the test

Frage 1: Welche Methode hat Hans nicht verwendet, um Englisch zu lernen?

A. Englische Geschichtenbücher lesen
B. Englische Cartoons ansehen
C. Englischsprachige Podcasts hören

Frage 2: Was hat Hans nach seinen Anstrengungen beim nächsten Englischtest erreicht?

A. Er hat eine schlechte Note bekommen
B. Er hat eine gute Note bekommen
C. Er hat den Test nicht geschrieben

Vokabeln		
1	subjects	Fächer
2	determined	entschlossen
3	language	Sprache
4	sentences	Sätze
5	mistakes	Fehler
6	cartoons	Zeichentrickfilme
7	to practice	üben
8	to enjoy	genießen
9	to improve	verbessern
10	to understand	verstehen
11	slowly	langsam
12	clearly	deutlich
13	fewer	weniger

23. Lucy loves to dance
Lucy liebt es zu tanzen

There was a girl named Lucy. Lucy loved to dance more than anything else. She danced in the morning, in the afternoon, and even before going to bed.

Es war einmal ein Mädchen namens Lucy. Lucy liebte das Tanzen mehr als alles andere. Sie tanzte am Morgen, am Nachmittag und sogar vor dem Schlafengehen.

One day, Lucy saw a poster for a big dance competition. She felt excited and a bit scared. But Lucy decided to take part in the competition. She knew it was a big chance to show her dancing skills.

Eines Tages sah Lucy ein Plakat für einen großen Tanzwettbewerb. Sie war aufgeregt und hatte ein bisschen Angst. Aber Lucy beschloss, an dem Wettbewerb teilzunehmen. Sie wusste, dass dies eine große Chance war, ihre Tanzkünste zu zeigen.

First, Lucy chose a beautiful song for her dance. It was a happy and lively song. Lucy loved the beat and she knew it was the perfect song for her dance.

Zuerst wählte Lucy ein schönes Lied für ihren Tanz. Es war ein fröhliches und lebhaftes Lied. Lucy liebte den Rhythmus und wusste, dass es das perfekte Lied für ihren Tanz war.

Next, Lucy started to practice her dance moves. She twirled, jumped, and swayed to the rhythm of the

Als Nächstes begann Lucy, ihre Tanzschritte zu üben. Sie wirbelte, hüpfte und schwang

song. She practiced every day after school. Sometimes she felt tired, but she never stopped.

On the day of the competition, Lucy felt nervous. There were many people in the audience. She took a deep breath and stepped onto the stage. The music started and Lucy began to dance.

Lucy moved gracefully on the stage. She spun around, jumped high, and her feet moved quickly and lightly. She felt the rhythm of the music and danced with all her heart.

When the music ended, Lucy took a bow. The audience clapped loudly. Lucy felt happy and proud. She had danced her best and she knew she had done well.

Later, Lucy won a prize for her dance. She was very happy. She loved dancing and she was proud of herself for doing her best.

From that day on, Lucy danced with more joy and confidence. She knew that she loved dancing and she would always dance, no matter what. Dancing brought her joy

sich im Rhythmus des Liedes. Sie übte jeden Tag nach der Schule. Manchmal war sie müde, aber sie hörte nicht auf.

Am Tag des Wettbewerbs war Lucy nervös. Es waren viele Leute im Publikum. Sie holte tief Luft und betrat die Bühne. Die Musik setzte ein und Lucy begann zu tanzen.

Lucy bewegte sich anmutig auf der Bühne. Sie wirbelte herum, sprang hoch, und ihre Füße bewegten sich schnell und leicht. Sie spürte den Rhythmus der Musik und tanzte mit ganzem Herzen.

Als die Musik zu Ende war, verbeugte sich Lucy. Das Publikum klatschte laut. Lucy fühlte sich glücklich und stolz. Sie hatte ihr Bestes gegeben, und sie wusste, dass sie gut getanzt hatte.

Später gewann Lucy einen Preis für ihren Tanz. Sie war sehr glücklich. Sie tanzte gerne und war stolz auf sich, weil sie ihr Bestes gegeben hatte.

Von diesem Tag an tanzte Lucy mit mehr Freude und Selbstvertrauen. Sie wusste, dass sie das Tanzen liebte und dass sie immer tanzen würde, egal was passiert. Tanzen

and she was happy to share it with others.

machte ihr Freude, und sie freute sich, diese Freude mit anderen zu teilen.

Quiz

Question 1: What did Lucy do before participating in the dance competition?

A. She chose a sad song
B. She chose a lively song
C. She did not choose a song

Question 2: How did Lucy feel after the dance competition?

A. She felt sad and disappointed
B. She felt happy and proud
C. She had mixed feelings

Frage 1: Was hat Lucy gemacht, bevor sie an dem Tanzwettbewerb teilgenommen hat?

A. Sie hat ein trauriges Lied ausgewählt
B. Sie hat ein lebhaftes Lied ausgewählt
C. Sie hat kein Lied ausgewählt

Frage 2: Wie fühlte sich Lucy nach dem Tanzwettbewerb?

A. Sie fühlte sich traurig und enttäuscht
B. Sie fühlte sich glücklich und stolz
C. Sie hatte gemischte Gefühle

Vokabeln

1	to dance	tanzen
2	poster	Plakat
3	competition	Wettbewerb
4	excited	aufgeregt
5	scared	verängstigt
6	to take part	teilnehmen
7	skills	Fähigkeiten
8	song	Lied
9	to practice	üben
10	moves	Bewegungen
11	to twirl	wirbeln
12	to sway	schwingen
13	rhythm	Rhythmus
14	stage	Bühne
15	gracefully	anmutig
16	audience	Publikum
17	prize	Preis
18	bow	Verbeugung
19	joy	Freude

24. Tim helps his friend
Tim hilft seinem Freund

There were two friends named Ben and Tim. They loved to play outside every day after school. One day, while playing soccer, something unexpected happened.

Es gab zwei Freunde namens Ben und Tim. Sie liebten es, jeden Tag nach der Schule draußen zu spielen. Eines Tages, als sie Fußball spielten, passierte etwas Unerwartetes.

Ben was running fast to score a goal. Suddenly, he tripped over a stone and fell down. He felt a sharp pain in his knee and saw that it was bleeding. Ben felt scared and didn't know what to do.

Ben rannte schnell, um ein Tor zu schießen. Plötzlich stolperte er über einen Stein und fiel hin. Er spürte einen stechenden Schmerz in seinem Knie und sah, dass es blutete. Ben hatte Angst und wusste nicht, was er tun sollte.

But Tim was there. He quickly ran to Ben and saw his hurt knee. Tim remembered something his mom had told him about what to do when someone gets hurt.

Aber Tim war da. Er lief schnell zu Ben und sah sein verletztes Knie. Tim erinnerte sich an etwas, das seine Mutter ihm gesagt hatte, was zu tun ist, wenn sich jemand verletzt hat.

First, Tim helped Ben sit down on the grass. He told Ben to stay still while he went to get help. He ran to his house nearby and told his

Zuerst half Tim Ben, sich ins Gras zu setzen. Er sagte Ben, er solle ruhig liegen bleiben, während er Hilfe holen ging. Er lief zu seinem

mom about Ben's hurt knee.

Haus in der Nähe und erzählte seiner Mutter von Bens verletztem Knie.

Tim's mom gave him a clean bandage and some antiseptic cream. Tim thanked her and quickly ran back to Ben. He carefully put the cream on Ben's knee and covered it with the bandage.

Tims Mutter gab ihm einen sauberen Verband und etwas antiseptische Creme. Tim bedankte sich bei ihr und lief schnell zu Ben zurück. Er trug die Creme vorsichtig auf Bens Knie auf und deckte es mit dem Verband ab.

Ben felt better now. The pain was not as bad, and he felt safer with the bandage on his knee. He thanked Tim for his help. Tim felt proud that he could help his friend.

Ben fühlte sich jetzt besser. Der Schmerz war nicht mehr so schlimm, und mit dem Verband fühlte er sich sicherer. Er bedankte sich bei Tim für seine Hilfe. Tim war stolz, dass er seinem Freund helfen konnte.

Soon, Ben's mom came and took him home to rest. She thanked Tim for helping Ben. Tim felt happy that he could help his friend when he needed it.

Bald darauf kam Bens Mutter und brachte ihn nach Hause, damit er sich ausruhen konnte. Sie dankte Tim dafür, dass er Ben geholfen hatte. Tim war froh, dass er seinem Freund helfen konnte, als er es brauchte.

That day, Tim and Ben learned the importance of helping others. They knew that friends are there for each other, in good times and bad. They continued to be best friends, always ready to help each other, no matter what.

An diesem Tag lernten Tim und Ben, wie wichtig es ist, anderen zu helfen. Sie wussten, dass Freunde füreinander da sind, in guten wie in schlechten Zeiten. Sie blieben die besten Freunde und waren immer bereit, einander zu helfen, egal was passierte.

Quiz

Question 1: What did Tim do when Ben got hurt?

A. He ran away and left Ben alone
B. He went to get help and took care of Ben's wound
C. He ignored the injury and continued to play football

Question 2: How did Tim feel after he helped Ben?

A. He felt uneasy and scared
B. He felt proud and happy
C. He felt indifferent

Frage 1: Was hat Tim getan, als Ben sich verletzt hat?

A. Er rannte weg und ließ Ben allein
B. Er ging Hilfe holen und versorgte Bens Wunde
C. Er ignorierte die Verletzung und spielte weiter Fußball

Frage 2: Wie hat sich Tim gefühlt, nachdem er Ben geholfen hatte?

A. Er fühlte sich unwohl und ängstlich
B. Er fühlte sich stolz und glücklich
C. Er fühlte sich gleichgültig

Vokabeln

1	outside	draußen
2	soccer	Fußball
3	to trip	stolpern
4	pain	Schmerz
5	to bleed	bluten
6	bandage	Verband
7	antiseptic cream	antiseptische Creme
8	rest	Ruhe
9	knee	Knie
10	unexpected	unerwartet
11	to score a goal	ein Tor schießen
12	scared	verängstigt
13	grass	Gras
14	to cover	bedecken
15	continue	fortsetzen
16	matter	Angelegenheit
17	wound	Wunde
18	to feel indifferent	sich gleichgültig zu fühlen

25. Sam and Mia find a treasure
Sam und Mia finden einen Schatz

In a peaceful, small town, there lived two friends named Sam and Mia. They loved going on little adventures in their free time. One bright day, they found an old map hidden in a book at Sam's house.

In einer friedlichen, kleinen Stadt lebten zwei Freunde namens Sam und Mia. Sie liebten es, in ihrer Freizeit kleine Abenteuer zu erleben. Eines schönen Tages fanden sie eine alte Karte, die in einem Buch in Sams Haus versteckt war.

The map showed a trail leading to a big 'X'. They knew from stories that 'X' usually marks the spot of hidden treasure. Excitement filled their hearts and they decided to follow the map.

Auf der Karte war ein Weg eingezeichnet, der zu einem großen „X" führte. Sie wussten aus Erzählungen, dass ein X normalerweise den Ort eines verborgenen Schatzes markiert. Die Aufregung war groß und sie beschlossen, der Karte zu folgen.

Their journey first took them through a dense, green forest. They saw chirping birds and vibrant flowers. They stuck together and followed the map closely.

Ihr Weg führte sie zunächst durch einen dichten, grünen Wald. Sie sahen zwitschernde Vögel und leuchtende Blumen. Sie hielten zusammen und folgten der Karte genau.

Next, their path led them to a

Als Nächstes führte ihr Weg sie

small hill. It was slightly tough to climb, but they helped each other. From the top, they saw a glittering stream down below. The map indicated that the treasure was near this stream.

zu einem kleinen Hügel. Es war etwas schwierig, ihn zu erklimmen, aber sie halfen sich gegenseitig. Von der Spitze aus sahen sie einen glitzernden Bach unter sich. Die Karte zeigte an, dass der Schatz in der Nähe dieses Baches lag.

Together, they descended the hill and reached the stream. They spotted a huge, old tree, just like the one marked on the map. The 'X' was right under this tree. Their hearts pounded with excitement as they began to dig.

Gemeinsam stiegen sie den Hügel hinunter und erreichten den Bach. Sie entdeckten einen großen, alten Baum, genau wie der auf der Karte eingezeichnete. Das „X" befand sich genau unter diesem Baum. Ihre Herzen klopften vor Aufregung, als sie zu graben begannen.

After a while, their spades struck something hard. They cleared the dirt around it and unearthed a small, wooden box. It was old and dusty, but it definitely looked like a treasure chest.

Nach einer Weile stießen ihre Spaten auf etwas Hartes. Sie schaufelten die Erde drumherum weg und förderten eine kleine Holzkiste zutage. Es war alt und verstaubt, aber es sah eindeutig wie eine Schatztruhe aus.

With wide eyes, they opened the box to find shiny, ancient coins and stunning, old jewels. Their excitement knew no bounds. They had found real treasure!

Mit großen Augen öffneten sie das Kästchen und fanden darin glänzende, uralte Münzen und prächtige, alte Juwelen. Ihre Aufregung kannte keine Grenzen. Sie hatten einen echten Schatz gefunden!

They decided to share this exciting news with their parents and teachers. The whole town

Sie beschlossen, diese aufregende Nachricht ihren Eltern und Lehrern mitzuteilen. Die ganze

was astounded by the children's discovery. Sam and Mia felt proud of their adventurous spirit and were thrilled to share their treasure with everyone.

Stadt war erstaunt über die Entdeckung der Kinder. Sam und Mia waren stolz auf ihren Abenteuergeist und freuten sich, ihren Schatz mit allen zu teilen.

From that day on, Sam and Mia were known as the little Treasure Hunters, and their friendship only grew stronger with each adventure they undertook together.

Von diesem Tag an waren Sam und Mia als die kleinen Schatzsucher bekannt, und ihre Freundschaft wurde mit jedem Abenteuer, das sie gemeinsam unternahmen, stärker.

Quiz

Question 1: What did Sam and Mia find in Sam's house that prompted them to go on a treasure hunt?

A. An old treasure map
B. A diary with clues
C. A picture of a hidden treasure

Question 2: Where did Sam and Mia finally find the treasure?

A. In a dense forest
B. On a small hill
C. Under a big, old tree near a stream

Frage 1: Was fanden Sam und Mia in Sams Haus, was sie dazu veranlasste, auf eine Schatzsuche zu gehen?

A. Eine alte Schatzkarte
B. Ein Tagebuch mit Hinweisen
C. Ein Foto eines versteckten Schatzes

Frage 2: Wo fanden Sam und Mia schließlich den Schatz?

A. In einem dichten Wald
B. Auf einem kleinen Hügel
C. Unter einem großen, alten Baum nahe einem Bach

Vokabeln

1	hidden	versteckt
2	dense	dicht
3	vibrant	lebhaft
4	hill	Hügel
5	to descend	absteigen
6	stream	Bach
7	old	alt
8	treasure	Schatz
9	to dig	graben
10	ancient	antik
11	jewels	Juwelen
12	to share	teilen
13	astounded	erstaunt
14	friendship	Freundschaft
15	stronger	stärker

Impressum

Autoren werden vertreten durch: Wupi Dupi FZ-LLC
Academic Zone01-Business Center 5, RAKEZ Business Zone-FZ, RAK, UAE
Jahr der Veröffentlichung: 2023
Verantwortlich für den Druck: Amazon
Englisch Kurzgeschichten 5./6. Klasse
Bradley Ringer
ISBN: 9798395380012
1. Auflage 2023

Printed in Poland
by Amazon Fulfillment
Poland Sp. z o.o., Wrocław

21847972R00065